Albert H. V. Kraus

„Die Freiheit ist unteilbar!"
Der Historiker Helmut Hirsch

Veröffentlicht mit freundlicher Unterstützung

- der CDU-Fraktion im Saarländischen Landtag
- des Kulturamtes der Landeshauptstadt Düsseldorf
- des Ministerpräsidenten des Saarlandes
- des Ministerpräsidenten von Nordrhein-Westfalen
- des Ministers für Bildung, Kultur und Wissenschaft im Saarland
- der Saarland-Sporttoto GmbH

Albert H. V. Kraus

„Die Freiheit ist unteilbar!"
Der Historiker Helmut Hirsch

Weg und Wirken
eines deutschen Emigranten
vor dem Hintergrund des
20. Jahrhunderts

Bibliografische Information Der Deutschen Bibliothek
Die Deutsche Bibliothek verzeichnet diese Publikation in der
Deutschen Nationalbibliografie; detaillierte bibliografische
Daten sind im Internet über
http://dnb.ddb.de abrufbar.

ISBN: 3-00-012556-6

Das Werk einschließlich aller seiner Teile ist urheberrechtlich geschützt. Jede Verwertung ist ohne Zustimmung des Autors unzulässig. Dies gilt insbesondere für Vervielfältigungen, Übersetzungen, Mikroverfilmungen und die Einspeicherung und Verarbeitung in elektronischen Systemen.

© 2004 beim Autor

Druck und Bindung: PRISMA Verlagsdruckerei, Saarbrücken gedruckt auf säurefreiem und chlorfrei gebleichtem Papier

Über dieses Buch

Der Autor beschreibt die Odyssee eines Lebens, wie es nur das 20. Jahrhundert der Diktaturen und der Kriege hervorbringen konnte. Der aus gutsituiertem rheinischem Elternhaus stammende Jungakademiker Helmut Hirsch (*1907 in Wuppertal-Barmen) sieht sich durch die Machtübernahme der Nationalsozialisten 1933 gezwungen, seine hoffnungsvolle akademische Karriere in Leipzig abzubrechen.

Aus Furcht um Leib und Leben flieht der überzeugte Demokrat und liberal eingestellte Publizist mit seiner Lebensgefährtin Eva Buntenbroich-Hirsch ins damals noch freie Saargebiet, wo er Augenzeuge der Abstimmung des 13. Januar 1935 wird. Anschließend sucht er im benachbarten Frankreich Zuflucht. Die Hauptstationen heißen Paris und Marseille. Gelegenheitsjobs, kleinere Veröffentlichungen und Sprachunterricht für deutsche Emigranten halten ihn notdürftig über Wasser.

Die Nachgiebigkeit der Westmächte gegenüber Hitler stürzen Hirsch und viele seiner Mitemigranten von einer Enttäuschung in die nächste. Bei Kriegsausbruch 1939 wird Hirsch wie alle männlichen Emigranten aus Deutschland und Österreich interniert, seine Ehefrau muß ins berüchtigte Internierungslager Gurs am Fuß der Pyrenäen. Nach der Befreiung aus dem Lager und einem nicht ungefährlichen Intermezzo in Marseille, dem Zentrum des unbesetzten Frankreich, rettet ein von Hubertus Prinz zu Löwenstein beschafftes Notvisum die beiden Hitlergegner in letzter Minute über den Atlantik.

Im Hafen von New York heißt sie am 21. Juni 1941 „Miss Liberty" willkommen. Die Vereinigten Staaten bieten den Verfolgten Geborgenheit und Rechtssicherheit, doch kein bequemes Dasein. Dank fremder Hilfsbereitschaft und eigener Strebsamkeit gelingt es den Neuankömmlingen, materiell zu überleben und beruflich voranzukommen. Eva Hirsch beginnt als Fitness-Trainerin bei Helena Rubinstein in Chicago, Helmut Hirsch als Lagerarbeiter im Boston Store.

Hirsch studiert weiter, promoviert über die Saarfrage und bildet Army-Angehörige für ihre Tätigkeit im Nachkriegseuropa aus. Schließlich lehrt der Historiker Europäische Geschichte am Roosevelt College – später: Roosevelt University – in Chicago, zuletzt als Professor auf Lebenszeit. 1961 kehrt der Emigrant in seine alte Heimat zurück. Besonderes Entgegenkommen erfährt er nicht. Ein Lehrstuhl an einer bundesdeutschen Universität bleibt ihm versagt.

Das umfangreiche wissenschaftliche Oeuvre Hirschs umfasst vielgelesene Biographien über Friedrich Engels, August Bebel, Bettine von Arnim und Sophie von Hatzfeldt. Sein biographischer Essay über Rosa Luxemburg wurde ein in viele Sprachen übersetzter Bestseller. Zu Hirschs Veröffentlichungen zählen ferner Studien und Werkausgaben über Karl Marx, Ferdinand Lassalle, Bebel und Engels sowie zur Weimarer Republik und zur politischen Geschichte des Saargebietes im 20. Jahrhundert.

Die vorliegende Schrift beleuchtet die vielfältigen Facetten der Persönlichkeit Hirschs und seines Gesamtwerks. Der heute hochbetagte Gelehrte mit amerikanischem Paß, zuletzt Honorarprofessor an der Universität/Gesamthochschule Duisburg, war zeit seines Lebens ein fairer Wissenschaftler, wacher Chronist und intellektueller Nonkonformist. Die zahlreichen Ehrungen, die er erfuhr (u.a. 1978 Bundesverdienstkreuz und 1980 Saarländischer Verdienstorden), waren eine späte Form verdienter Wiedergutmachung.

Der Autor

Albert H. V. Kraus, Dr. phil., 1949 in Hüttigweiler/Saar geboren, Studium der Geschichte und Romanistik in Saarbrücken und Nancy, 1982 Promotion mit einer Studie über die deutsch-französische Saarpolitik in der Ära Adenauer, lehrt im Höheren Schuldienst.

Er hat zahlreiche wissenschaftliche Studien und publizistische Beiträge zur Zeitgeschichte in deutschen und ausländischen Zeitungen veröffentlicht und mehrere Features für den Deutschlandfunk geschrieben.

Nach seiner Monographie „Die Saarfrage (1945-1955) in der Publizistik" (1988) ist dies seine zweite Buchveröffentlichung.

Inhalt

                        Seite

Vorbemerkung 7

1. Kapitel : Heimat 9
Elternhaus – Studium – Judenfrage – Schicksalsjahr 1933

2. Kapitel : Emigration 21
Saarbrücken – Straßburg – Biarritz – Paris – Kriegsausbruch und Internierung – Banges Warten – Gerettet in Amerika – Neustart in Chicago – Kriegsalltag – Wieder Student – Soldatenschulung – Roosevelt College – Hilfe für Deutschland – Selbstkritik – US-Staatsbürgerschaft

3. Kapitel : Heimkehr 57
Verleger Ledig-Rowohlt – Als Deutscher in den USA – Licht und Schatten – Dankbare Westdeutsche – Großzügigkeit

4. Kapitel : Hauptwerke 71
Friedrich Engels – August Bebel – Rosa Luxemburg – Bettine von Arnim – Sophie von Hatzfeldt – Karl Marx – Marx und die Juden – Experiment Weimar – Onkel Sams Hütte

5. Kapitel : Erfahrungen 97

Wiedergutmachungsfarce – Heinrich Heine – Siegfried Thalheimer – Hubertus Prinz zu Löwenstein – Thomas Mann – Willy Brandt – Johannes Rau – Unprofessoraler Professor – Denkwürdiges – Fall Schoeps – Empfindlichkeiten – Dank und Undank – DDR und Wiedervereinigung – Spuren der SED-Diktatur

6. Kapitel : Nachwirkungen 129

Thank you, Miss Liberty! – Freiheit als Kleinod

Anmerkungen 135

Personenverzeichnis 161

Danksagung 163

Vorbemerkung

Die Generation der um 1950 geborenen Deutschen, zu denen auch der Verfasser gehört, ist aufgewachsen in einem soziokulturellen Milieu, in dem Emigration und Emigranten eher mit Stirnrunzeln und Nasenrümpfen als mit Verständnis und Respekt angesehen wurden. Das galt für bundesdeutsche Prominente wie den Sozialdemokraten Willy Brandt (1913-1992), den streitbaren Publizisten Sebastian Haffner (1907-1999) und die weltberühmte Filmschauspielerin Marlene Dietrich (1901-1992) ebenso wie für die regionalpolitisch wirkenden Saarpolitiker des ersten Nachkriegsjahrzehnts Johannes Hoffmann (1890-1967), Edgar Hector (1911-1989), Emil Straus (1899 –1985) oder Richard Kirn (1902-1988).[1]

Die „traumatischen Erfahrungen" (Marita Krauss) der vom NS-Regime vertriebenen Männer und Frauen zählten wenig in den Jahren des bundesdeutschen Wiederaufbaus und des Wirtschaftswunders. Exil und Rückwanderung galten als politische Tabus, wenn nicht gar als „öffentliches Ärgernis" (Sven Papcke), und das spiegelte sich auch in den Lehrplänen der Gymnasien und den Vorlesungsverzeichnissen der Universitäten wider.[2]

Die Begegnung des jungen Doktoranden zunächst mit dem Saarhistoriker, dann mit dem Sozialismusforscher Helmut Hirsch öffnete ihm die Augen für die komplizierte Lebensbahn eines vom Schicksal der Emigration gezeichneten Menschen. Das Interesse war geweckt, jahrelange Recherchen hinterließen ihre Spuren.

„Je mehr ich mich mit Ihren Schriften en détail beschäftige – und ich muß natürlich auswählen, damit meine Arbeit nicht ausufert -, umso schwerer fällt es mir, das ‚Nil admirari', von dem Sie in Ihrem letzten Brief sprechen, zu befolgen." Dies schrieb ich dem hochbetagten Gelehrten am 4. November 2001 nach Düsseldorf. Und ich fuhr fort: „Ich bin wirklich sprachlos, angesichts des Riesenopus, das Sie in Ihrem langen Leben zustande gebracht haben. Zugebenermaßen, manchmal ist es nicht leicht, Ihren eigenwilligen Schreibstil nachzuvollziehen, doch immer wieder bin ich fasziniert von der ungeheuren Sachkenntnis, die Sie in Ihren Studien erkennen lassen!"

Vor übertriebenem Lob seiner Selbst und der Gefahr mangelnder Distanz des Autors zum Gegenstand seiner Betrachtung hatte mich Hirsch schon zuvor gewarnt: Er ziehe das von Karl Marx und Siegfried Thalheimer praktizierte „Nil admirari" vor, also „Nichts bewundern!": „Es geht nur ums Verstehen, was wissenschaftliche Einsicht voraussetzt." [3]

Ansichten und Einsichten, die die Entstehung dieses Lebensbildes eines im Rheinland geborenen Emigranten, Remigranten, Wissenschaftlers und Publizisten begleitet haben.

1. Kapitel: Heimat

Die Heimat hat mir Treue nicht gehalten,
sie gab sich ganz den bösen Trieben hin,
so kann ich nur ihr Traumbild noch gestalten,
der ich ihr trotzdem treu geblieben bin.

Max Herrmann-Neisse (1886-1941), seit 1933
im Londoner Exil, in seinem Gedicht
„Ein deutscher Dichter bin ich einst gewesen." [4]

Seine Lebenszeit umspannt fast das ganze 20. Jahrhundert, die Stationen seines Wirkens gleichen einer Reiseroute über den europäischen und nordamerikanischen Kontinent und wieder zurück: Wuppertal, Saarbrücken, Paris, Marseille, New York, Chicago, Düsseldorf. Die Palette seiner Betätigungen war ebenso breit und bunt: Vom Kunststudenten in Leipzig zum Korrespondenten in Paris, dann – am Golf von Biskaya - Strandverkäufer aufblasbarer Luftkissen und Nachhilfelehrer für Fremdsprachen; in Amerika zunächst Lagerarbeiter im Warenhaus, dann wieder Student, Dozent und schließlich Professor in Chicago; in der Bundesrepublik schließlich Wissenschaftler und Buchautor von erheblichem Ansehen.

Kein Leben wie aus dem Bilderbuch, sondern eines, wie es nur das 20. Jahrhundert schreiben konnte, mit politischer Verfolgung, Vertreibung, Exil, Existenznot und Angst um Leib und Leben: Im Mittelpunkt unserer Untersuchung stehen Biographie und Lebenswerk des 1907 in Wuppertal-Barmen geborenen Historikers Helmut Hirsch.

Ein Beispiel für eine halbe Million deutschsprachiger Emigranten, die nach Hitlers Machtübernahme am 30. Januar 1933 im Ausland Zuflucht suchten vor dem Zugriff der Nationalsozialisten. Eine halbe Million Menschen, die in aller Herren Länder flohen, um sich vor dem Holocaust zu retten. Auch eine halbe Million Schicksale. [5]

Denn Flucht und Vertreibung bedeuten großes menschliches Leid, den Zwang zum unfreiwilligen Neuanfang in der Fremde, die nicht allen zur zweiten Heimat wurde. Der russische Schriftsteller Lew Kopelew (1912-1997) hat darauf verwiesen, daß dem Emigranten Helmut Hirsch dieses Glück beschieden war, und auch auf die menschliche Größe des zum Deutschamerikaner gewordenen Rheinländers, den bittere Erfahrungen nicht verbittert hätten.[6] Dabei warteten die Zeitläufte denen, die „vom bitteren Brote" des Exils (Else Lasker - Schüler)[7] aßen, mit mancherlei Zumutungen auf, an denen man schon hätte verzweifeln können und an denen etliche Exilexistenzen auch zerschellt sind. [8]

Elternhaus

Der Lebensbogen unserer Hauptperson begann am 2. September 1907 in Wuppertal - Barmen im Schoß einer großbürgerlichen Familie. Hirschs Geburtsdatum fiel mit dem Sedanstag zusammen, dessen alljährliche Jubelfeiern des deutschen Schlachtensieges von 1870 über Frankreich gedachten und damit gleichzeitig das französische Trauma wach hielten.[9]

Hirschs Eltern waren erfolgreiche Geschäftsleute. Der Vater Emil Hirsch (1877-1947) stammte aus Berlin, seine Ehefrau Hedwig Hirsch (1876-1962) war eine geborene Fleischhacker und entstammte einer strenggläubigen jüdischen Familie. Großvater Liebmann Fleischhacker, wohlhabender Besitzer eines Modegeschäftes, war Vorbeter in der orthodoxen Gemeinde in Elberfeld. Hirschs Vater dagegen, erfolgreicher Kaufmann auch er – sein Damenputzgeschäft „L. Fleischhacker Nachf." war eines der größten in Deutschland –, zahlte nur seiner Ehefrau zuliebe Steuern für die Synagoge. Er betrat jedoch den jüdischen Tempel nicht.[10]

Emil Hirschs Religion sei der Sozialismus gewesen. Das notiert später der Sohn, über dessen Kinderbett ein Bild von „Onkel Bebel" und „Onkel Singer" hing. Unter diesen beiden führenden Repräsentanten der Arbeiterbewegung hatte Emil Hirsch als Lehrling in Berlin zur sozialistischen Bewegung gefunden. Vater Hirsch war bekennender Marxist, Freidenker und als Kommunalpolitiker nach der Novemberrevolution 1918 Stadtverordneter in Barmen, zunächst in den Reihen der Unabhängigen Sozialdemokraten (USPD). Nach deren Wiedervereinigung mit der SPD trat Emil Hirsch 1932 zur KPD über.[11] Die Zugehörigkeit zum Besitz- und Bildungsbürgertum erhielt durch die sozialistische Weltanschauung des Kaufmannes Emil Hirsch, der über bis zu 40 Angestellte verfügte, eine besondere Nuance.

Man lebte herrschaftlich in einer achtzehnräumigen Wohnung, leistete sich für die Kinder einen Klavierlehrer, war weltoffen und pazifistisch gesonnen, hatte die liberale „Frankfurter Zeitung" abonniert und diskutierte standesgemäß im „Herrenzimmer" über das aktuelle politische Geschehen. Dazu gehörten Ferienreisen im In- und Ausland (Amsterdam, Bern, Locarno, Paris, Zermatt), die den Horizont des lernbegierigen jungen Helmut schon früh weiteten.[12]

Als Sextaner gleich nach dem Ersten Weltkrieg begegnete Helmut Hirsch erstmals den Quäkern, die ihm später noch manche Wohltaten erweisen sollten. Damals waren es Schokoladenmilch und Weizenwecken, die den Unterernährten eine willkommene Kalorienzufuhr bescherten.[13] Rund zwei Jahrzehnte später, im Februar 1937, sollten die Quäker Hirschs Vater nach längerem KZ-Aufenthalt und vor drohender neuerlicher Verhaftung nach London retten, wohin ihm seine Ehefrau im Mai 1938 nachfolgte.[14] Vier Jahre nach der Rettung des Vaters ermöglichte das amerikanische Quäker-Ehepaar Howard und Gertrude Kershner dem sich in Marseille versteckenden Ehepaar Helmut und Eva Hirsch die rettende Schiffsüberfahrt nach Amerika. Dies geschah - pikantes Detail am Rande – an Bord der „Mouzinho", der Mittelmeer-Yacht des portugiesischen Diktators Salazar![15]

Doch zurück zum Pennäler. Der wuchs in einem schulischen Umfeld heran, in dem das Hinauf- oder Herabsehen zum etablierten Verhaltenskodex gehörte. Die Oberprimaner schauten auf die Unterprimaner herab, die Realgymnasiasten auf die Realschüler, die Altsprachler auf die Neusprachler, die höheren Schüler auf die Volksschüler. Zusammen mit den bunten Schülermützen seien dies „klassische Herrschaftsinstrumente des Kaiserreichs" gewesen, zur Republik passend „wie Schlittenglöckchen zum Porsche." So tadelt der Altgewordene viele Jahrzehnte später Schulsitten der frühen Jahre der Weimarer Demokratie. Vermutlich hätten derartige Gepflogenheiten auch den „Übergang vom Kasten- und Klassenstaat zum Rassenstaat" Hitlers erleichtert.[16]

Zwar erlebte der Gymnasiast, wie das Schwarz-Rot-Gold der Republik gelegentlich von einem Lehrer („Schwarz-Rot-Senf") oder einem siegreichen Sportler verhöhnt wurde, wenn dieser die republikanischen Farben demonstrativ aus seinem Siegerkranz heraus riß; auch wurde der im jüdischen Glauben erzogene Schüler Zeuge diskriminierender Nadelstiche, wenn etwa beim Theaterspiel die Rollen der verhassten Franzosen gewöhnlich an jüdische Schulkameraden fielen. Einen das nationalsozialistische Hakenkreuz tragenden Mitschüler hat Hirsch – „lange vor '33" – jedoch nur ein einziges Mal in seiner Schulzeit erlebt.[17]

Daß Hirschs Barmer Realgymnasium in einer nach dem „französischen Stalingrad" - nämlich: Sedan - genannten Straße lag und vor dem „Geist oder Ungeist" des Patriotismus überkochte, durfte als ebenso zeittypisches Phänomen gelten wie die spätere Umbenennung der Lehranstalt in „Horst-Wessel-Schule"[18]: Ausdruck der Wende zu einer neuen, unheilvollen Zeit, deren Wegbereitung in die Studienjahre des Kunst-, Kultur- und Journalismus-Studenten Helmut Hirsch fiel.

Dem hatte sich neben dem beachtlichen Bildungsfundus des klassischen deutschen Gymnasiums, aus dem der Autor Hirsch ein Leben lang schöpfen konnte, ein klassizistisches Spruchband mit pathetischen Versen aus Schillers „Wilhelm Tell" tief ins Gedächtnis eingegraben:

„Ans Vaterland, ans teure, schließ Dich an:
Hier sind die starken Wurzeln Deiner Kraft!"[19]

Dieses Vaterland würde es dem jungen Wuppertaler immer schwerer machen, sich ihm anzuschließen, und doch hielt auch der Emigrant mit ganzem Herzen daran fest.

Studium

Im Wintersemester 1928/29 nimmt der frischgebackene Abiturient, dessen Reifeprüfungszeugnis 1940 von der Gestapo in Paris geraubt wird, sein Studium auf: Kunst- und Kulturgeschichte sowie Zeitungswissenschaft. Es führt Helmut Hirsch erst nach München und Berlin, dann nach Bonn und Köln, zuletzt nach Leipzig.[20]

Im Sommer 1931 spendet Vater Hirsch eine dreiwöchige Intourist-Reise durch Russland. Diese enthüllt dem Sohn und späteren Marx-Forscher die unerschütterliche Sozialismusgläubigkeit des Vaters, gepaart mit echt Leninscher Härte gegenüber ideologischen Abweichlern: Von jungen Leuten gefragt, ob er seinen Sohn Helmut als Menschewiken, also: Sozialdemokraten, notfalls erschießen würde, bejaht Emil Hirsch dies rundweg.[21]

Im Ziel des Sozialismus und der sozialen Gerechtigkeit waren sich Vater und Sohn einig, hinsichtlich der Methoden und des Weges dahin jedoch schieden sich ihre Wege. Während dem 1932 zu den Kommunisten überwechselnden

Emil Hirsch Lenins „Roter Oktober" Zuversicht einflößte, hielt es der nicht doktrinäre, pragmatischere Sohn lieber mit der freiheitlichen Variante, ganz im Sinne des bezeichnenden Titels seines Gedichtbändchens aus den dreißiger Jahren: "Amerika, du Morgenröte."[22]

Die freiheitliche Demokratie hatte seit Ende der zwanziger Jahre in ganz Europa einen schweren Stand. Den Verfall der politischen Kultur auch in der Weimarer Republik und dem benachbarten Österreich erlebt der Student Helmut Hirsch am eigenen Leibe. Während einer Versammlung demokratischer Studenten in München, Wintersemester 1928, lässt man unter seinem Sitz eine Stinkbombe hochgehen und jagt ihm Angst vor einem tätlichen Angriff ein. Im Sommer 1929 intoniert Hirsch zur Feier des 10. Jahrestages der Weimarer Verfassung im österreichischen Mondsee voller Übermut die Marseillaise. Ein nicht uniformierter Trupp von Jugendlichen beantwortet dies mit einem Bierflaschenwurf durch die gläserne Hoteltür und einer gewaltsamen Attacke auf den Sänger. Mit Baskenmütze und Rotwein trinkend hatte Hirsch einem Angehörigen des „französischen Erzfeindes" geglichen. Das sollte er mit einem Backenzahn bezahlen.[23]

Unaufhaltsam schwoll die braune Flut an. Sie war auch nicht zu bremsen durch die Reichspräsidentenwahl von 1932, bei der der 24-jährige Student Hirsch, dem SPD-Wahlstrategen Otto Wels folgend, Hindenburg wählte, um Hitler zu verhindern.[24] Doch der Triumph des Mythos von

Tannenberg (19,4 Millionen Stimmen für Hindenburg gegen 13,4 Millionen für Hitler) bescherte der Republik nur eine kurze Atempause. Kein Jahr später, am 30. Januar 1933, berief der greise Feldmarschall den „böhmischen Gefreiten" und Vorsitzenden der mittlerweile stärksten Partei zum deutschen Reichskanzler.[25]

Judenfrage

Seit im 19. Jahrhundert ernsthaft über den Antisemitismus und die „Judenfrage" nachgedacht wurde, kreisten die Gedanken der jüdischen Europäer um drei Lösungswege.

Sollten sie – erstens – die Länder, in denen sie lebten und oft auch geboren wurden, als ihre Vaterländer betrachten, in denen sie sich ganz und gar zu Hause fühlen und also integrieren sollten?

Sollten sie – zweitens – aus der Erkenntnis, daß Bemühungen zur Lösung der „Judenfrage" auf dem Weg der Assimilierung zum Scheitern verurteilt seien, aus Europa weggehen und einen eigenen jüdischen Staat gründen, wie Theodor Herzl (1860-1904) dies 1896 anregte?

Oder sollten sie – drittens – unter Ablehnung von Assimilierung und Zionismus das Leben in der Diaspora streng nach den Regeln des jüdischen Glaubens fortsetzen?[26]

In Hirschs Familie finden sich väterlicher- und mütterlicherseits Beispiele für jede dieser Varianten. Die Mutter vertrat die Linie der Gläubigkeit, der Vater die der Assimilierung, andere Verwandte schlossen sich der zionistischen Linie an und zogen nach Palästina.[27]

Der jüdische Publizist Theodor Herzl war von 1891 bis 1895 Paris-Korrespondent der Wiener „Neuen Freien Presse" gewesen. Antisemitische Manifestationen im Umkreis der seit 1894 in Frankreich wütenden Dreyfus-Affäre hatten Herzls bisherige Bejahung der Assimilierung von Grund auf erschüttert. Und so lesen wir in seiner 1896 vorgelegten Broschüre „Der Judenstaat" hellsichtig: „Vergebens sind wir treue und an manchen Orten sogar überschwängliche Patrioten, vergebens bringen wir dieselben Opfer an Gut und Blut wie unsere Mitbürger, vergebens bemühen wir uns, den Ruhm unserer Vaterländer in Künsten und Wissenschaften, ihren Reichtum durch Handel und Verkehr zu erhöhen. In unseren Vaterländern, in denen wir schon seit Jahrhunderten wohnen, werden wir als Fremdlinge ausgeschrieen."[28]

Auch in Helmut Hirschs Heimatstadt Wuppertal – 1929 fusioniert aus den Teilstädten Barmen und Elberfeld – hatten sich Mitglieder der israelitischen Glaubensgemeinde als Träger und Wohltäter in Handel und Kultur hervorgetan. Im Ersten Weltkrieg hatten sie auf dem „Feld der Ehre" als „Vaterlandsverteidiger" Tapferkeit gezeigt und einen hohen Blutzoll entrichtet. Reichsweit waren ca. 12.000 jüdischgläubige Deutsche gefallen.[29]

Schicksalsjahr 1933

Das hinderte die braunen Horden auch in Wuppertal nicht daran, die staatstreuen Deutschen mosaischen Glaubens nach dem 30. Januar 1933 zu diskriminieren, zu verfolgen, zu verjagen oder abzuschlachten. Unter dem Diktat des Hakenkreuzes zerbarst die christlich-jüdische Koexistenz. Der von Helmut Hirsch so charakterisierte „zeitlupenlangsame", „immer wieder unterbrochene" und vom Triumph der Nationalsozialisten schließlich „abgebrochene Integrierungsprozeß" traf auch die Familie Hirsch mitten ins Mark.[30]

Vater Emil Hirsch wurde am 23. März 1933, dem Tag der Abstimmung über das Ermächtigungsgesetz, unter Listanwendung verhaftet und in mehreren Gefängnissen (Bendahl, Lüttringhausen) und zwei Konzentrationslagern (Kemna und Börgermoor) fast ein Jahr lang entwürdigender Behandlung und unsäglichen Folterqualen ausgesetzt. Das hatte lebenslange psychische Schäden zur Folge. Nach dem Freikauf durch die Familie seiner Frau wurde er am 23. Januar 1934 entlassen.[31]

Als wohlhabender jüdischer Kaufmann mit sozialistischer Gesinnung vereinigte der stadtbekannte Kommunalpolitiker, Republik-Verteidiger beim Kapp-Putsch 1920 und Festredner bei Mai-Großkundgebungen geradezu idealtypisch jene Merkmale in seiner Person, die den braunen Antisemiten ein Dorn im Auge waren. Seines Geschäftes durch „Zwangsarisierung" beraubt und seine Existenz als Sprachlehrer in Elberfeld fristend, retteten die Quäker Emil Hirsch im Februar 1937 vor drohender erneuter Verhaftung nach London. Dorthin folgte ihm im Mai 1938 seine Frau. Der 1938 ausgebürgerte Marxist und Freidenker starb 1947 siebzigjährig im Londoner Exil. Seine 1941 ausgebürgerte Witwe Hedwig Hirsch verschied 1962 im 87. Lebensjahr in Chicago, wo Sohn

Helmuts Familie einen neuen Lebensmittelpunkt gefunden hatte.[32]

Die Kanzlerschaft Hitlers erwischt auch den ehrgeizigen Leipziger Geschichtsstudenten Helmut Hirsch wie eine kalte Dusche. Er kann seine weitgehend fertiggestellte, 1936 vom Amsterdamer Institut für Sozialgeschichte auszugsweise publizierte und wegen ihrer Gründlichkeit als „außerordentlich gediegen" und „ultradeutsch" gerühmte Doktorarbeit über „Karl Friedrich Köppen. Der intimste Berliner Freund Marxens" nicht mehr als Dissertation einreichen.

Die beiden Doktorväter Hirschs, der Wirtschaftswissenschaftler Prof. Dr. Alfred Doren (1869-1934) und der Zeitungswissenschaftler Prof. Dr. Erich Everth (1878-1934), waren von den Nationalsozialisten unmittelbar nach der Machtübernahme ihrer Lehrbefugnis beraubt worden. (Die Promotionsurkunde sollte Helmut Hirsch mit 56-jähriger Verspätung am 31. Januar 1989 von der dann noch als „Karl-Marx-Universität Leipzig" firmierenden Hochschule verliehen werden.[33]) Jetzt jedoch gilt die erste Sorge dem Überleben.

2. Kapitel: Emigration

*Immer fand ich den Namen falsch,
den man uns gab: Emigranten.
Das heißt doch Auswanderer. Aber wir
Wanderten doch gar nicht aus, (...)
Sondern wir flohen.
Vertriebene sind wir, Verbannte.
Und kein Heim, ein Exil soll das Land sein,
Das uns aufnahm.*

Bertolt Brecht (1898-1956),
1933-1947 Exil in Dänemark und USA,
in seinem Gedicht „Über die Bezeichnung Emigranten"[34]

Nach einem Überfall in Barmen, vorübergehendem Unterschlupf bei seiner späteren ersten Ehefrau Eva in Köln und kurzfristiger Erwägung des Untertauchens in einem katholischen Kloster lässt sich der 25-jährige Linksintellektuelle von seiner Lieblingstante Frieda Hirsch zur Auswanderung überreden. Zuvor tritt Helmut Hirsch am 22. April 1933 mit Eva Buntenbroich (1910-1990), seiner langjährigen Gefährtin im Exil, vor den Standesbeamten in Köln.[35] „Hochzeitgeschenk" seines Vaters, erzählt Hirsch mit bitterer Ironie Jahrzehnte später, sei ein Brief über den Gefängnisalltag des „Schutzhäftlings" gewesen.[36] Am Tag nach der Notehe setzt der Hitlergegner seine Flucht fort.

Saarbrücken – Straßburg - Biarritz

Das Ziel hieß Saarbrücken, Hauptstadt des noch freien, weil von Deutschland abgetrennten und von den braunen Fluten noch nicht überschwemmten Saargebietes. Hirschs Onkel, der Rechtsanwalt Gustav Levy, bot ihm Quartier. Mit wachen Augen und Ohren wurde der Rheinländer nun Zeuge der erregten Atmosphäre im Vorfeld der 1935 fälligen Volksabstimmung im Saargebiet. Aus der Wohnung des Hausmeisters drangen die Propagandaparolen der deutschen Rundfunkanstalten in Hirschs vorläufige Bleibe. Er registrierte, wie demokratisch gesonnene saarländische „Nichtarier" rasch eine schwarz-weiß-rote Fahne nähten, um mit den Farben des wilhelminischen Reiches zugleich ihre deutsche Gesinnung und ihre Ablehnung des Nationalsozialismus zu dokumentieren.

Schließlich knüpfte Hirsch in Saarbrücken Kontakte zu dem Düsseldorfer Publizisten Dr. Siegfried Thalheimer und seiner Emigrantenzeitung „Westland". Diese warb für den Status Quo, also die Beibehaltung der Völkerbundsregierung im Saargebiet über den 13. Januar 1935 hinaus. Hirschs Interesse am Saarkampf war entflammt. In seinen wichtigsten Beiträgen für „Westland", dessen Pariser Vertretung er später übernahm, plädierte Hirsch für eine wirksamere Bekämpfung des braunen Terrors.

Doch das Saarbrücker Intermezzo währte nur wenige Wochen. Ohne feste Arbeit und im Visier der Polizei, die an seinem Verbleib Anteil zu nehmen begann, unternahm Hirsch zwei Weiterfluchtversuche. Der erste, per Bahn, endete mangels Visum, im lothringischen Forbach. Der zweite, als PKW-Beifahrer, führte ihn nach Straßburg, wo der ortsunkundige und nahezu mittellose Student in irgendeiner Straße abgesetzt wurde. Zuflucht fand er dort in einem Flüchtlingsasyl, das vor seinem Erwerb durch Baron Rothschild offensichtlich als Freudenhaus gedient hatte. So begann nach schätzungsweise einmonatigem Saaraufenthalt im Sommer 1933 Hirschs französische Emigrantenzeit, „acht Jahre von insgesamt fast einem Vierteljahrhundert Exil."[37]

Am 14. Juli des deutschen Schicksalsjahres 1933 sehen wir den politischen Flüchtling im elsässischen Mulhouse, wie er auf hochgehaltenem Tablett an flanierende Passanten Bonbons verkauft. Die hatte er zuvor im Süßwarenladen etwas billiger erworben.[38] Als ersten längeren Aufenthaltsort erwählt das jungvermählte Paar die Nachbarstädte Bayonne und Biarritz an der französisch-spanischen Grenze. Diese lagen vorerst noch „denkbar weit entfernt vom nach Paris fließenden Flüchtlingsstrom und -elend." Während sich Eva Hirsch um das bescheidene Notquartier der nunmehr „Vater- und Mutterlandslosen" kümmert, hält der Ex-Student Helmut Hirsch – jetzt im blaugrauen Arbeitskittel – das Paar mit Hilfstätigkeiten notdürftig über Wasser. Er verdingt sich gegen minimale Provision als Strandverkäufer von aufblasbaren Luftkissen und köstlichen Sahnekäseröllchen, kommt in den Genuß von „einigermaßen regelmäßigen Lebensmittelgaben von Villenbewohnern", sieht aber seinen „Traum vom baldigen sozialen Wiederaufstieg" über den Umweg des Nachhilfelehrers kläglich scheitern.

Sein auf gedruckten Handzetteln zu Spottpreisen angebotener Nachhilfeunterricht ist nicht gefragt. Er macht dafür kleinliche Missbilligung und Desinteresse seitens der anvisierten Wohlstandsbürger des mondänen Badeortes verantwortlich. In Paris und Marseille würde ihm später ein recht einträglicher Beruf daraus werden, den emigrierten Bekannten seiner Saarbrücker Verwandten Französisch oder den – nach der Niederlage Frankreichs 1940 – in die USA Weiterfliehenden Englisch beizubringen.[39]

Einstweilen richtete man sich am Rande des Urlauberparadieses ein: Weißbrot mit Obst und Schweizerkäse, verzehrt im Schatten subtropischer Bäume, das übliche Mittagsmahl der „den Ängsten des Dritten Reichs Entwischten", preiswert und gesund, aber frugal. „Als Dessert", so fügt der Memoirenschreiber verschmitzt hinzu, „als Dessert diente ein Blick über die Küste bis zum fernen Horizont."[40] Unbeschreiblich darum der Genuß eines mehrgängigen Mittagessens im Luxusbadeort San Sebastian, zu dem ein Berliner Militärstiefel-Fabrikant – sein Privatchauffeur gehörte zur SA – das junge Paar einmal einlud. Es habe an nichts gefehlt, Delikatessen im Überfluß: „Wie vor tausend Jahren auf Reisen mit den Eltern im In- und Ausland", schoß es dem jungen Flüchtling durch den Kopf.[41]

Paris

Szenenwechsel: Paris. Dort fungiert Helmut Hirsch in den Jahren 1933/34 als am Quai d'Orsay akkreditierter, gelegentlicher Korrespondent, hauptsächlich aber als Pariser Vertriebsleiter der bereits erwähnten, von Siegfried Thalheimer geschaffenen Saarbrücker Wochenzeitung „Westland". Die Wirkung dieses anti-hitlerischen Kampfblattes im Vorfeld der Saarabstimmung von 1935 schien NS-Propagandaminister Goebbels bedrohlich genug, um es Anfang 1935 durch einen später enttarnten Strohmann aufkaufen zu lassen.[42]

In der Seine-Metropole begegnete Hirsch dem Schriftsteller Rudolf Leonhard (1889-1953). Mit ihm verband ihn bald eine „Seelen- und Schicksalsverwandtschaft", die über die beiderseitige Liebe zu Berlin und Paris und das Bemühen um eine deutsche Volksfront im Exil hinausging. Helmut und Eva Hirsch hatten im Quartier Latin, unweit des Jardin du Luxembourg (Adresse: 31, rue Pierre-Nicole), in einem Gebäude mit städtischen Sozialwohnungen ein Ein-Zimmer-Appartement ergattert. Hirsch erteilte weiterreisewilligen deutschen Emigranten Sprachunterricht, ging wissenschaftlichen Studien nach und setzte in den bis zum deutschen Einmarsch 1940 verbleibenden Jahren seinen Kampf gegen das NS-Regime politisch und publizistisch fort.[43]

Trotz nie versiegendem Betätigungsdrang lasteten die Beschwernisse des Alltags erheblich auf der seelischen Gemütsverfassung des Flüchtlings. Das erfahren wir aus der jüngst veröffentlichten

Teilkorrespondenz Hirschs aus den Jahren 1936 bis 1938 mit seinem ebenfalls in Paris untergetauchten Mitflüchtling Rudolf Leonhard.[44] Da ironisiert Hirsch über die bescheidene Ausstattung eines Flüchtlingshaushaltes („... ich besitze nur zwei Messer. Das dritte befindet sich in Reparatur", 31.12.1936). Er bittet händeringend den achtzehn Jahre Älteren um Tipps, „wie ich es anstellen muß, von der Tageszeitung nicht nur gedruckt, sondern auch bezahlt zu werden", denn „an Stoff mangelt es mir nicht, nur an Einnahmen" (22.1.1938). Die Depressionen und Versagensängste, unter denen der Dreißigjährige leidet, hinterlassen eine bis zur Verzweiflung zerrüttete seelische Verfassung. Suizidgedanken kommen in ihm auf: Ohne den Erfolg eines kürzlich gehaltenen Vortrags, gesteht Hirsch seinem Briefpartner am 12. Februar 1938, „existierte ich heute vermutlich überhaupt nicht mehr..."

Vom vorläufig noch sicheren Pariser Exil aus verfolgt der zum Publizisten mutierte Hitlergegner den Fortgang der politischen Ereignisse: Das Scheitern der Hitlergegner bei der Volksabstimmung im Saargebiet vom 13. Januar 1935, das Stillhalten der pazifismus-geleiteten Westmächte, allen voran England und Frankreich, bei der vertragswidrigen Besetzung des Rheinlandes am 7. März 1936, den Fehlschlag des Volksfront-Experimentes in Frankreich im April 1938, das Fiasko der Appeasement-Politik beim Münchener Abkommen vom 30. September 1938 und den kriegsvorbereitenden Hitler-Stalin-Pakt vom 23. August 1939.[45]

Vergeblich die Hoffnung der „Westland" - Redaktion, den Menschen im Saargebiet klar machen zu können – wie der Publizist Norbert Mühlen damals schrieb -, „der status quo sei nicht die Losung von Separatisten, sondern eine der besseren Deutschen".[46] Vergeblich die Erwartung des von Helmut Hirsch, Rudolf Leonhard und Maximilian Scheer in Paris gegründeten, die Öffentlichkeit mit Presseerklärungen versorgenden „Aktionskomitees für Freiheit in Deutschland", als „winziger Intellektuellenausschuß" der „Riesenmaschine des Faszismus (!) und der Riesengleichgültigkeit der Demokraten" Widerstand entgegensetzen zu können.[47]

Vergeblich auch die inhaltlich vage Mahnung des unter Pseudonym (H. Bichette = Hirschkälbchen) schreibenden „Ordo" - Redakteurs Hirsch an die „deutsche Freiheitsfront", nicht – wie die Stalinisten – mit dem „elenden Knüppel der Verleumdung" die Aufmerksamkeit der Weltpresse zu erregen, sondern mit „interessanten Polemiken", die „wie das Bajonett" achtungeinflössend seien.[48] War das Stichwort „Bajonett" als Appell gedacht, dem verhängnisvollen Pazifismus und tatenleeren Appeasement der westlichen Regierungen endlich abzuschwören und zu den Waffen zu greifen, um den Aggressor Hitler doch noch zu stoppen?

In einem Akt später Selbstkritik („Ja. Ehemals haben wir alle die Friedenspalme geschwungen und unsre Gegner als Chauvinisten gebrandmarkt.") sieht der Memoirenschreiber „unsere Friedensliebe" von damals „entlarvt" durch Hitler und Pétain „als Abart des Sonntagsvormittags-

Christentums, das so lange vorhält, wie es von den Gläubigen keine heroische Haltung fordert."[49] Gedankenschwer, aber tatenleer gewesen zu sein, unglaubwürdig also, stellt sich im Rückblick als entscheidendes Manko der Gegner des aggressiven Hitlerregimes heraus.

Hirschs Emigranten-Spottreim, in dem sich zwei Wiener Dackel am Broadway nostalgisch und voller Stolz ihrer österreichischen Heimat rühmen, kann den vorläufigen Triumph Hitlers nur noch aperçuhaft glossieren, mehr nicht:

„Ihr Stolz, dacht' ich, ist keine Schande.
Darf ihnen niemand doch bestreiten:
Es stammt aus ihrem Vaterlande
Der größte Hundsfott aller Zeiten."[50]

Mehr als verständlich, daß auch das Ehepaar Hirsch den Herzenswunsch aller Emigranten teilte, die Engländer und ihre Verbündeten mögen Adolf „dem Ungeheuer" den Garaus machen.[51]

Kriegsausbruch und Internierung

Hoffnungen auf das Zustandekommen einer deutschen Volksfront, basierend auf einer vorausgegangenen Einigung zwischen den exilierten Kommunisten und Sozialdemokraten und beraten von einem im Pariser Hotel Lutetia tagenden Vorbereitungsausschuß (1935/36), waren im Herbst 1937 endgültig gescheitert.[52] Doch es kam noch schlimmer.

Geleitet von ihrer Zweckmoral und gestützt auf ihr totalitäres Herrschaftssystem, verbündeten sich die beiden Diktatoren in Berlin und Moskau,

Erzfeinde von gestern, am 23. August 1939 zur Erlegung der gemeinsam anvisierten Beute. Die hatte einen Namen: Polen. Der Nichtangriffspakt zwischen Hitlerdeutschland und der Sowjetunion Stalins spaltete die Emigrantenszene.[53] Der letzte Friedenssommer war zu Ende, auch in der Stadt an der Seine.[54]

Am Pariser Zeitungskiosk begegnet der „Ordo"-Redakteur Hirsch der dortigen Korrespondentin von „Meli" (Moskau), Alix Guillain. Gerade ist die Nachricht vom Pakt durchgesickert. Erregter Dialog. Die Journalistin kann es nicht fassen: „Le camarade Staline ne fera jamais ça! – Genosse Stalin wird das nie tun!" Hirschs Entgegnung: „Vous n'êtes plus honorables. Vous nous lâchez tous. – Ihr seid nicht mehr redlich. Ihr lasst uns alle im Stich!"[55]

Die sich als „friedliebend" stilisierende Sowjetdiktatur, deren von Lenin und Stalin befohlenen Terror auch Heinrich Mann und Lion Feuchtwanger (beide Sympathisanten des erwähnten Freiheitskomitees für Deutschland) verharmlost und gerechtfertigt hatten, hatte sich mit dem Pakt vom 23. August 1939 selbst entlarvt.[56]

Blenden wir zurück in den September 1939. Kurz nach Kriegsausbruch wird Helmut Hirsch - wie alle aus Deutschland und Österreich kommenden männlichen Emigranten – in Paris als „Ressortissant d'Allemagne" – ein aus Deutschland Kommender – interniert. Gallerbitter sein Kommentar: „Es fällt der Armée Française leichter, die ersten Opfer ihrer hochgerüsteten Feinde hinter

Stacheldraht zu bringen, als diese selbst."[57] Hirsch fühlt sich, Karl May im Sinn, „an den Marterpfahl gebunden" und hofft darauf, daß sein Winnetou nicht zu spät käme.[58]

Sechs Monate später wird er dank eines bis dahin unbeachtet gebliebenen Gesetzes von der französischen Armee eingezogen und als Armierungssoldat an das an der Loiremündung liegende britische Expeditionscorps ausgeliehen. Hirsch fühlt sich außerordentlich fair behandelt. Infolge des Vorrückens der deutschen Wehrmacht wird das Signal zur Evakuierung der mehr als 320.000 im Kessel von Dünkirchen eingeschlossenen britisch-französischen Streitkräfte gegeben. Es ist Anfang Juni 1940. Doch der Versuch Hirschs, sich mit seinem Gefährten Maximilian Scheer unter britische Soldaten zu mischen, um mit ihnen gemeinsam nach England – und das hieß: in die Freiheit – ausgeschifft zu werden, schlägt fehl.[59]

Nach der Kapitulation Frankreichs unter Marschall Pétain am 17. Juni 1940 waren Helmut und Eva Hirsch nach Marseille entwichen. Dort fanden sie in einer schäbigen Seitenstraße der Canebière (Adresse: 24, rue Curiol) ein Unterkommen. Es wimmelte von Wanzen. Die Verwechslung mit einem als „Terrorist" gesuchten Helmut Hirsch führt zur vorübergehenden Verhaftung des Emigranten aus Wuppertal. Hirschs Namensvetter war wegen Vorbereitung eines Sprengstoffanschlags auf den für seine Judenhetze berüchtigten Julius Streicher bereits am 4. Juni 1937 vom Volksgerichtshof zum Tode verurteilt und dann enthauptet worden.[60] Drei Jahre später stand er immer noch auf der Terroristenliste der Staatspolizei in Marseille.

Über Alltagsnöte, Existenzsorgen und Lebenspläne des noch in der britischen Armee dienenden Armierungssoldaten äußert sich Helmut Hirsch ausführlich in einem Bittschreiben vom 20. Mai 1940 an Volkmar von Zühlsdorff, den Sekretär der American Guild. Hirsch spricht von der Spende („Liebesgabe") eines ihm unbekannten Amerikaners, die ihn persönlich nicht erreicht habe und die auch seine zwischenzeitlich – im Pariser Vélodrôme d'Hiver und dann im südfranzösischen Lager Gurs – internierte Frau Eva nicht erreichen könne.

(Das am Fuß der Pyrenäen westlich der Stadt Pau gelegene Camp de Gurs entwickelte sich nach dem deutschen Einmarsch im Frühjahr 1940 zum zentralen Frauenlager im unbesetzten Teil Frankreichs. Zwischen Mai und Juni 1940 trafen dort die internierten deutschen und österreichischen Frauen ein, zunächst aus Paris, wo sie im „Vélodrôme d'Hiver" vorübergehend festgesetzt worden waren. Ende Juni 1940 befanden sich im Lager Gurs 6.356 Frauen und Kinder.[61] Infolge primitiver hygienischer Verhältnisse litten die Internierten unsäglich unter einer durch Läuse, Flöhe, Wanzen und auch Ratten verursachten Ungezieferplage.[62] Dank eines mitfühlenden französischen Offiziers setzte Hirsch die Entlassung seiner Ehefrau Eva aus dem „gräßlichen Riesenlager" durch.[63])

Im weiteren Fortgang seines Schreibens ersucht Hirsch den Sekretär der American Guild inständig um die Vermittlung eines Stipendiums, mit dessen Hilfe er das Doktorat als Studienabschluß erwerben könne. Schließlich fleht er um die Beschaffung eines lebensrettenden, da die Ausreise nach Nordamerika ermöglichenden Affidavits für sich und seine Partnerin. Die in diesem Schreiben[64] erkennbaren Ängste um Zukunft und Leben sollten bald der Zuversicht weichen, die in die Rettung mündete.

Banges Warten

Emigranten waren zu allen Zeiten auf uneigennützige Hilfe und Großzügigkeiten angewiesen. Dazu gehörte für Hitlerflüchtlinge, die in die USA einzureisen wünschten, die unumgängliche Notwendigkeit, zwei Affidavit-Geber zu finden, die für sie als Bürgen gegenüber ihrem Heimatstaat auftraten. Mit dem „moralischen Affidavit" („Affidavit of Sponsorship") bürgte der Aussteller für den einwandfreien Leumund seines Schützlings, das „finanzielle Affidavit" („Affidavit of Support") verpflichtete den Bürgen, im Notfall für den Unterhalt des Fremdlings aufzukommen. Ohne diese Bürgschaften gab es kein US-Einreisevisum.[65]

Helmut und Eva Hirschs unbekannter amerikanischer Wohltäter hieß Lee de Blanc. Er lebte in bescheidenen Verhältnissen als Buchhalter und Steuerberater in der Kleinstadt New Iberia im Südstaat Louisiana. Vermittelt hatte ihn Nobelpreisträger Thomas Mann, der damals in Princeton/New Jersey im Exil lebende hochangesehene Schriftsteller und Präsident der Literarischen Klasse der Deutschen Exil-Akademie in New York.[66] De Blanc sandte den Hirschs zweimal den auch nach damaligem Wert geringfügigen Betrag von je einem Dollar nach Frankreich. Er bürgte für die Rechtschaffenheit des einreisewilligen Ehepaares gegenüber der US-Regierung. Das erfuhren die Begünstigten voller Glück kurz vor Weihnachten 1940 im von der Wehrmacht noch unbesetzten Marseille. Und schließlich sammelte de Blanc noch 28 Dollar als Zuschuß für die Passagekosten des Ehepaares Hirsch. Der Betrag wurde am 3. September 1940 in sechs separaten Schecks nach Marseille überwiesen.[67] Drei Wochen später, am 24. September 1940, wurde Helmut Hirsch auf der 201. Liste die deutsche Staatsbürgerschaft aberkannt.[68]

Das finanzielle Affidavit für das Ehepaar Hirsch hatte der New Yorker Publizist und Deutschlandkenner Oswald G. Villard (1872-1949) ausgestellt.[69] Sohn eines aus der Pfalz stammenden politischen Flüchtlings von 1848, geboren in Wiesbaden, gehörte Villard von Anfang an zu den maßgeblichen – auch finanziellen – Förderern der von Hubertus Prinz zu Löwenstein (1906-1984) am 4. April 1935 gegründeten „American Guild for German Cultural Freedom": „Er hat", so würdigt Löwenstein Villards Wirken, „das Leben vieler Menschen gerettet, ohne Rücksicht darauf, ob sie seine Überzeugungen teilten oder nicht."[70]

Im Juli 1940 setzte der Generalsekretär der Guild, Prinz Löwenstein, die Namen des Ehepaares Hirsch auf die erste nach Washington D.C. gehende Rettungsliste. Am 20. Januar 1941 endlich kabelt das State Department dem US-Konsul in Marseille die Empfehlung, den beiden ein „Emergency Visum" auszustellen.

Vorausgegangen war eine letztendlich ausschlaggebende persönliche Intervention Prinz Löwensteins bei der US-Regierung. Gleichzeitig hatte Löwensteins Mitarbeiter Zühlsdorff die Verleumdung Hirschs beim Marseiller Notrettungskomitee als Naziverbündeten und Ex-Mitglied der kommunistischen Partei als „unbeschreiblich", „lächerlich" und „grotesk" zurückgewiesen.[71]

Am 9. Februar 1941 teilt Hirsch auf einer Ansichtskarte aus Marseille dem Prinzen Löwenstein in New York „mit tiefer Dankbarkeit" den Eingang des amerikanischen Einreisevisums mit.[72] Die erforderlichen 100 Dollar Landegeld stellt wieder de Blanc zur Verfügung. Die Kosten der Atlantik-Überquerung trägt die Hilfsgemeinschaft für Hebräische Einwanderer. Hirsch, der sich selbst als „rettungslos verpreußt" sieht, wird später auf der nicht verlangten Rückzahlung der Schiffskosten in Miniraten bestehen. Zum Fahrpreis merkt Hirsch nur am Rande an, daß er dreimal höher als üblich war, wogegen die Qualität von Unterbringung und Verpflegung um mehr als zwei Drittel hinter dem auf Übersee-Schiffen üblichen Standard zurückgeblieben sei.[73]

Gerettet in Amerika

Ende Mai 1941 sind die Reisepapiere des Ehepaares Hirsch samt Durchreisevisen für Spanien und Portugal komplett. Am 21. Juni 1941, dem Vortag des deutschen Angriffs auf die Sowjetunion, landen sie an Bord der S/S „Mouzinho" glücklich im Hafen von New York. Der erhobene Arm der Freiheitsstatue war kein Hitlergruß. Die

Mittelmeer-Yacht des portugiesischen Diktators Salazar hatte sie mit über 700 Mitreisenden nach Amerika gebracht. Darunter befanden sich auch der Maler Marc Chagall und Hunderte von Kindern. Unter der Obhut der Quäker waren sie gerettet worden.[74]

Helmut Hirsch fühlte sich in buchstäblich „letzter Minute" vor der sicheren Vernichtung in Hitlers und Lavals Europa gerettet: „Einen Tag später, und ein Gesetz wurde angenommen, demzufolge mir kein Visum mehr bewilligt werden durfte, da mein Schwager in der Wehrmacht diente."[75] Hirschs Dank vom 25. Juni 1941 an die Rettungshelfer Prinz Löwenstein und Zühlsdorff „nun endlich von amerikanischem Boden aus" war überschwenglich und währte ein Leben lang.[76]

Wie Tausende und Abertausende vor ihnen, waren die beiden Hitlergegner nun auf der rettenden Insel gelandet, wo das Leben nicht Vernichtung, sondern Freiheit versprach. „Amerika, du Morgenröte" hat Helmut Hirsch seine „Verse eines Flüchtlings" aus den Jahren 1939 bis 1942 betitelt. – Morgenröte? Das Land, wo Milch und Honig fließt? Abgemagert, mittellos und erschöpft, finden die Neuankömmlinge vorübergehend Unterschlupf in der bescheidenen Wohnung der Thalheimers in Kew Gardens. Der kurz vor ihnen auf dem amerikanischen Kontinent angekommene Ex-Verleger der Saarbrücker Widerstandszeitung „Westland" hält sich dank seiner Kenntnisse als Goldschmied über Wasser. Nachts kampieren die Hirschs auf einer Matratze am Fußboden.

Sie gönnen sich fünf Tage in der unerträglichen New Yorker Junihitze, um die Wolkenkratzer mit offenem Mund zu bestaunen.[77] Danach landen sie in einem von den Quäkern geführten Auffanglager. Es wird interkonfessionell finanziert, von katholischen, evangelischen und jüdischen Hilfskomitees für Flüchtlinge, und liegt bei Nyack im Staat New York. Die Sommerherberge nennt sich sinnigerweise *Sky Island* (Himmelsinsel) und bietet 25 Zufluchtssuchenden bei fast ebenso vielen Betreuerinnen und Betreuern Speise-, Schlaf- und Leseräume. Dazu gehören auch für Europäer ungewohnt luxuriöse Badegelegenheiten: „All das wirkt überwältigend auf die aus den *Slums* von Marseille Gekommenen." [78]

Nach neun Wochen Verweildauer beginnt für die körperlich und seelisch ein wenig gestärkten Opfer des Hitlerregimes der „Kampf ums Brot in der US-Arena". Der den Amerikanern vertraute Umgang mit den ehernen Regeln des modernen Lebens sollte für die Neuankömmlinge aus der Alten Welt noch manche Überraschungen bereithalten.

„Mein Kopf ist jetzt noch immer voll großer akademischer Rosinen", beschreibt Hirsch seine damaligen Erwartungen an die unmittelbare Zukunft. Weiterstudium auf einer amerikanischen Universität als *graduate student*, dann Absolvierung der in Leipzig schon ums Haar geschafften Doktorprüfung, das sind seine Vorstellungen. Der Gang zur Arbeitsvermittlung der Quäkerzentrale in New York City bringt jedoch eine herbe Enttäuschung: Er habe vielleicht als *clerk*, als Handlungsgehilfe, in einem Laden des Mittleren Westens, der Provinz also, anzufangen. Das teilt ihm die Dame des Vermittlungsbüros mit. „Dazu", so Hirschs barsche Entgegnung, dazu hätte er sich nicht retten lassen. „Nicht dazu." – Bald wird er „noch weniger als ein Verkäufer, dafür aber nicht arbeitslos sein."[79]

Neustart in Chicago

Als wolle Amerika auch in Sachen neues Rollenverständnis den Europäern eine Lehre erteilen, bekommt wer als erster einen bezahlten Job? Hirschs Ehefrau Eva! Bei einem Besuch in Helena Rubinsteins Schönheitssalon in der New Yorker Fifth Avenue ergattert Eva eine Stelle als Schwangerschaftsvertretung in Rubinsteins Chicagoer Filiale. Dort sollen ihre Dienste der Schönheitspflege, Tanzgymnastik und dem Schlankheitstraining für gutbetuchte Amerikanerinnen gelten. Diplome werden nicht verlangt, Talentproben genügen.

Nach 23-stündiger *Greyhound*-Busreise erreichen die beiden Arbeitsuchenden den Mittleren Westen. Nur eine Europäerin aus der gleichen Generation könne die Ängste nachfühlen, die die zukünftige Schönheitspflegerin auszustehen hatte. Und hätte man Hirsch selbst damals gefragt, wie er seine Chance beurteile, einmal Professor an einer amerikanischen Universität zu werden, und das auf Lebenszeit, so wäre er sicher zu dem Schluß gekommen: „Null."[80]

„Chikago", so erklärte der in Hirschs letzter Universitätsstadt Leipzig im Jahr seiner Fluchtvorbereitung 1940 erschienene *Volksbrockhaus* den deutschen Volksgenossen, „Chikago" sei im Staate Illinois, am Michigansee gelegen, die zweitgrößte Stadt der Vereinigten Staaten (denen Hitlerdeutschland am 11. Dezember 1941 den Krieg erklärte! Anm. d. Vf.), die fünftgrößte der Erde. Ein Drittel der Einwohner seien Deutsche. – Diese Stadt sollte den aus der deutschen Heimat durch eine totalitäre Macht Vertriebenen für fast zwei Jahrzehnte Asyl bieten und zur zweiten Heimat werden.

Alltagseindrücke aus dem Leben eines Emigrantenpaares in Chicago: Die erste sehr bescheidene Wohnung liegt in der nach einem Indianerstamm benannten Huron Street. Der wöchentliche Mietzins beträgt viereinhalb Dollar plus 25 Cent Trinkgeld. Dafür muß ein Handlanger zwölf Stunden arbeiten, also fast ein Viertel seines Wochenlohnes hergeben. Die Palette der ersten selbstfinanzierten Neuanschaffungen reicht von der Weckuhr über Wolldecken und buntes kalifornisches Geschirr bis zur gläsernen Kaffeemaschine und dem elektrischen Toaströster, „etwas für uns unerhört Luxuriöses", gesteht Hirsch.[81]

Die Arbeitszeit der Beauty-Beraterin im Schönheitssalon der vornehmen Michigan Avenue in Chicago geht von 9 bis 18.30 Uhr. Gewöhnungsbedürftig für den europäischen Ehemann und zunächst missbilligt wird der Austausch von Kleidungsstücken zwischen den Kolleginnen: „Vergesellschaftungspraxis im Mekka des Kapitalismus"[82] wird es der Sozialismusforscher Jahrzehnte später in rückschauender Ironie nennen!

Feindselige Bemerkungen gegenüber den Neuzugezogenen – nicht selten in gebrochenem Englisch formuliert von Menschen mit urdeutschen Namen – häufen sich seit dem Kriegseintritt der USA im Jahre 1941.

Noch vor der Abreise nach Chicago erreicht Hirsch Ende Oktober 1941 in New York ein Antwortschreiben seines materiell wichtigsten Sponsors Oswald G. Villard. Es setzt den Ansprüchen des Einwanderers angesichts der andauernden amerikanischen Wirtschaftskrise („Great Depression") mit hoher Arbeitslosigkeit kräftige Dämpfer auf. Amerikas Universitäten, so schreibt Villard, hätten zunächst einmal für amerikanische Studenten zu sorgen. Zudem seien viele Posten bereits von Flüchtlingen aus Europa besetzt. Deshalb und wegen der acht bis zehn Millionen Arbeitslosen könne Hirsch keine Wunder erwarten: „Und nun kommen Sie (...) an und wollen sofort eine geistige Anstellung, wo Sie nicht einmal Englisch reden können!"

Nicht fremde Hilfe, sondern Eigeninitiative sei gefragt, mahnt Villard: „Sie müssen sich selbst helfen. Meinem Vater ging es ebenso im Jahr 1854. Er hatte auch studiert. Es gab keine *Refugee*-Komitees, und er hat sich doch durchgeschlagen. Er war bereit, alles zu tun, um sich zu ernähren, und vergaß seine Vorbildung." Mit erhobenem Zeigefinger und dem Appell an positives Denken geht Villards Aufklärungslektion weiter. Wie „ein Kinnhaken nach dem andern" kam es dem Briefadressaten vor: „Wenn Sie auf eine akademische Laufbahn verzichten müssen, seien Sie dankbar, noch zu existieren und nicht in einem Gefängnis oder in einem Konzentrationslager zu verhungern."

Am Briefschluß zwei weitere Paukenschläge: „Amerika schuldet Ihnen nichts, verlangt aber von Ihnen die Bereitschaft, sich in jeder Weise behilflich zu machen." Dem folgt ein Fingerzeig an Eva Hirsch: „Das gilt auch für Ihre Frau. In ihrer Lage darf man keinen Stolz haben. Es fehlt entsetzlich an Kinderwärterinnen, Haushälterinnen usw. usw."[83]

Villards Reaktion auf den „Hilfeschrei" Hirschs ließ an Unmißverständlichkeit nichts zu wünschen übrig. „Sich regen bringt Segen" dürfte eine sehr dezente Umschreibung für die dem *american way of life* entsprechende und von Villard nachdrücklich verlangte Bereitschaft zu eigenem Engagement sein. Villard wusste noch nichts von Eva Hirschs Aushilfsanstellung in Chicago, nichts auch von Helmuts erstem schweißtreibenden Job im ältesten Warenhaus der Chicagoer Innenstadt. Den trat er als Lagerarbeiter im „Boston Store" an, und zwar am 12. November 1941. Fast sechs Monate harter körperlicher Arbeit standen ihm bevor.

Lagerarbeiter, das hieß: Pausenlos elf Stunden am Tag Mehl- und Zuckersäcke oder andere Waren schleppen, bei 45 Stunden die Woche nebst Überstunden zu 37,5 Cent die Stunde. Umgehend informiert Hirsch Villard über die erfolgreiche Arbeitssuche und vermutet, daß sein Gönner schmunzelnd wird konstatieren müssen, „daß ich das Los eines US-Proletariers auskoste."[84] Auch anderen Neuankömmlingen in der Neuen Welt war ein solcher Anfang nicht erspart geblieben. Etwa jenem jüdischen Flüchtling aus dem fränkischen Fürth, der im September 1938, kurz nach seinem fünfzehnten Geburtstag, nach Amerika kam und ein knappes Jahr später seinen ersten *Job* in der Rasierpinselfabrik seines Cousins in New York antrat. Der junge Mann hieß Heinz (dann: Henry) Kissinger, wurde später Professor für Politische Wissenschaften in Harvard und dann Außenminister der Vereinigten Staaten von Amerika (1973-1977).[85]

Kriegsalltag

Nicht lange, und auch die Amerikaner sehen sich mit einer neuen Herausforderung konfrontiert, der als kriegsführender Nation gegen „Hitler und seine *gang*."[86] Am 7. Dezember 1941 greifen die Japaner aus heiterem Himmel und ohne Kriegserklärung die US-Pazifikflotte im Hafen von Pearl Harbor auf Hawaii an. Daraufhin erklärt US-Präsident Roosevelt Japan und Hitlerdeutschland den USA den Krieg.

Anders als während des Ersten Weltkrieges in den Vereinigten Staaten und jetzt in Frankreich, werden die Hirschs – wie Tausende anderer Mitemigranten aus Deutschland – zwar als *„enemy aliens* - feindliche Ausländer" registriert, nicht aber interniert. Diesmal werden die Japaner und Japanoamerikaner Opfer von Internierung, Willkür und plumpen Vorurteilen ihrer amerikanischen Umgebung.

Wie die Amerikaner seines sozialen Umfelds auf das Kriegsgeschehen reagieren, notiert Hirsch in seinem Tagebuch. *Spotlights* aus dem Jahr 1942: Die Bandbreite der Reaktionen reicht von der Skepsis vieler Emigranten über die Geschäftemacherei mancher Händler bis zum sprichwörtlichen amerikanischen Optimismus. Die Emigranten hätten sich häufig pessimistisch geäußert. Sollte Amerika den Krieg verlieren, dann würden sie sich im Michigansee ertränken, hörte man da. Antideutsche Propaganda – die Deutschen als Unmenschen, Untiere – sei allgegenwärtig gewesen.[87]

„Wir sprachen im Gegensatz zu vielen anderen Emigranten in der Öffentlichkeit deutsch, da wir es als Krieg gegen Hitler, nicht gegen die Deutschen ansahen", sollte Hirsch im Oktober 1985 vor Gymnasiasten der saarländischen Hüttenstadt Neunkirchen erklären. Auch die beiden Söhne wurden deutschsprachig erzogen und sprachen mit den Eltern ausschließlich deutsch: Helmut Villard Buntenbroich Hirsch (1942 in Chicago geboren, mit dem Mittelnamen von Hirschs Sponsor und dem Nachnamen der Mutter), nachmalig Universitätsprofessor der Neurobiologie und Psychologie in Albany, der Hauptstadt des Staates New York[88], und Mark Alexander Hirsch (1965 in Düsseldorf geboren), später Magister der Sportwissenschaft der Universität Miami, Florida.[89]

Zu den Ängsten der Emigranten deutscher Herkunft gesellte sich auf der anderen Seite nie versiegender Geschäftssinn der Amerikaner mit dem Krieg als Bezugspunkt: So warb man für anti-hitlerische Würfelspiele oder spekulierte mit der Verbraucherangst vor Lebensmittel-Engpässen. Nur gelegentlich, bei militärischen Erfolgen der Gegenseite, geriet die Siegesgewissheit des Durchschnittsamerikaners mit seiner optimistischen Grundhaltung ins Wanken: „*W'll beat them anyway* – Wir schlagen sie sowieso!"[90]

In Unkenntnis der Vorgänge widmen auch die Emigranten anno 1942 den Verbrechen keine Gedanken, die währenddessen in Europa geschehen und durch die berüchtigte Wannsee-Konferenz vom 20. Januar 1942 über die „Endlösung der Judenfrage" beschleunigt wurden. Jedoch vertraut Hirsch schon im Februar 1942 seinem Tagebuch die Befürchtung eines später aufkommenden Kollektivschuld-Vorwurfs an: „Die berechtigte Wut der ganzen Welt auf die Verbrecherbande und jeden Einzelnen, der ihr zur Zeit freiwillig oder ‚unfreiwillig' hilft, (könne) sich auch nach dem Sieg gegen die gesamte deutsche Bevölkerung richten." Zugleich bedauert der Tagebuchschreiber die Unwilligkeit und Unfähigkeit der deutschen Exulanten, eine Free-German-Bewegung aufzubauen: „Ohne Erlaubnis machen Deutsche ja auch keine Revolution."[91]

Mit Siegfried Thalheimer findet Hirsch im März 1942 die Bildung einer „deutschen Legion" aus Exulanten zum Kampf gegen Hitler wünschenswert: „Um zu verhindern, daß der Teufel in Deutschland durch Beelzebub abgelöst wird." Eine klarsichtige Vorahnung des Schicksals der späteren Sowjetzone im besiegten Deutschland, wo die braune durch eine kommunistische Parteidiktatur abgelöst werden sollte. Tiefsitzende Ängste verrät der Tagebuch-Zusatz gleichen Datums: „Ich (...) denke, wir werden noch froh sein, wenn unser Rheinland unter französischen Einfluß kommen wird – falls Paris nicht auch ein Vorort Moskaus wird."[92]

Einstweilen steht dem Lagerarbeiter Helmut Hirsch eine erneute Wende bevor. Sein als Briefschreiber so barsch gewesener Sponsor Villard hat ihn „in aller Stille" auf der Beziehungsschiene in die University of Chicago eingeschleust.[93] Ein großzügiges Stipendium ermöglicht Hirsch die Wiederaufnahme seines Studiums, für ihn eine „Sternstunde des Glücklichseins." Einen Seufzer der Erleichterung hört man aus dem Tagebuch-Eintrag vom 28. März 1942 aufsteigen: „Letzter Tag, an dem ich ein echter Lagerarbeiter bin. Nächste Woche werde ich nur noch ein Student sein, der nebenbei in einem Warenhaus arbeitet."

Wieder Student

Während Hirsch in den akademischen Vorlesungen wieder die „Höhenluft der Wissenschaft"[94] genießen darf, leidet er im Alltag an den Stammtisch-Weisheiten der „einfachen Amerikaner" seiner Umgebung. Nicht selten sind es Einwanderer, sei es aus dem Baltikum, wie Rose – eine ihrer Hauswirtinnen –, sei es aus Österreich oder Deutschland, deren undifferenzierte Urteile Hirschs Missmut erregen: Da singt die aus dem Baltikum Geflüchtete plötzlich Lobeshymnen auf Russland und die aus der Distanz ideal erscheinenden russischen Zustände. Da geht ein Hagel an Vorurteilen positiver oder negativer Art auf

Minderheiten und Verfolgte nieder, wie: „Die Juden sind intelligent", „Die deutschen Juden taugen nichts, weil sie nicht gern als Juden gelten wollen", „Alle Deutschen müssen getötet werden" oder „Die Amerikaner sind sehr antisemitisch."[95]

Der Asylant vergisst zu keinem Zeitpunkt, daß er selbst und seinesgleichen Opfer politischer Intoleranz und Illiberalität sind, auch nicht, welches Land ihm Lebensretter wurde. Ganz blauäugig sieht er deshalb die amerikanischen Gegebenheiten keineswegs. Besonders das Kriegsgewinnlertum auch kleiner Händler nervt ihn unentwegt.[96] Dafür ist er von der ungezwungenen Atmosphäre auf dem Campus, dem Fehlen der in Europa allgegenwärtigen autoritären Umgangsformen und dem anregenden kulturellen Klima in den akademischen Gefilden sichtlich angetan.[97] Paradoxien bleiben ihm nicht verborgen. So erlebt der von einem rassistischen Regime Vertriebene, wie sich – kurioserweise bei einer Vorlesung zum amerikanischen Bürgerkrieg – nichtweiße Hörer auf separaten Stühlen entlang der Hinterwand des Hörsaales plazieren.

Seine Studienfortschritte und das jetzt endlich wieder mögliche eigene wissenschaftliche Arbeiten stärken Hirschs Wohlbefinden sehr. Warum verschweigen, daß andererseits Flucht, Alltagsnöte und erfahrene Blessuren auch der Partnerschaft hart zusetzten, das Idyllische vertrieben und „eheliche Irritationen" begünstigten?[98]

Als Leidtragender eines rassistischen Regimes, das die Staatsbürger in „Arier" und „Nichtarier" aufspaltete, hatte Hirsch ein bleibendes sensibles

Gespür für rassistisches Gebaren auch in der US-Gesellschaft entwickelt. Kopfschüttelnd registriert er dabei Fälle, wo Amerikaner mit jüdisch klingendem Namen (so die Firma Garfinkel in Washington D.C.) oder gar deutschsprachige Asylanten (wie ein Restaurantbesitzer österreichischer Herkunft ebenda) nichtweißen Amerikanern (Hirsch nennt sie *politically correct* „Afroamerikaner") die Bedienung verweigern.[99]

Amerika befindet sich im Krieg mit der freiheitsfeindlichen Hitlerdiktatur. Schon im Oktober 1942 meldet sich Student Hirsch freiwillig zum „*basic training*" in der neueingerichteten Militärakademie der Universität Chicago. Obwohl er sich als unmilitärisch sieht, Kasernenhofstil wenig schätzt und Nahkampfübungen mit dem Bajonett noch weniger, bekennt er, von einem „nie gekannten vaterländischen Zauber" ergriffen gewesen zu sein: „Ich gehöre endlich irgendwo dazu, fühle ich mit feuchten Augen."[100]

Die amtliche Musterung in den Schalterräumen des Hauptpostamts von Chicago verlässt Hirsch jedoch mit dem Bescheid „dauernd untauglich." Keine Spur von Genugtuung im Stile des heiteren Simulanten Felix Krull (welches Werk Thomas Manns, sein letztes, freilich erst 1954 erschien). Hirsch war bereit, auf Seiten der Vereinigten Staaten in den Kampf zu ziehen. Wobei er dem Fragebogen der Musterungsbehörde das Geständnis anvertraut hatte, er bekämpfe „nicht das deutsche Volk, sondern das NS-Regime."[101]

Soldatenschulung

Statt mit der Waffe, wird Hirsch seinen „Kriegsdienst" für das Sternenbanner am Katheder leisten. Ein Zufall beschert ihm eine gutbezahlte Dozentur an der Staatsuniversität von Laramie im Bundesstaat Wyoming, Jahresgehalt respektable 2.200 Dollar. Dort werden amerikanische Soldaten auf ihren potentiellen Einsatz als Angehörige von US-Militärregierungen für Frankreich, Deutschland oder Spanien vorbereitet. Es geht um sprachliche und ergänzende sozial- und wirtschaftsgeschichtliche Unterweisung. Hirsch übernimmt die Sprachschulung für Deutsch. Einhundertfünfzig US-Soldaten in Uniform haben ihn, dessen Schwager kuriorserweise im Nachbarstaat Colorado im Kriegsgefangenenlager sitzt,[102] fortan wie einen militärischen Vorgesetzten zu achten. Dabei eignet Hirsch noch immer der amtliche Status eines „feindlichen Ausländers", der bestimmten Einschränkungen unterliegt: Eigenmächtiger Wohnungswechsel, Besitz einer Waffe, eines Fotoapparates oder eines Kurzwellensenders sind ihm untersagt.[103]

Der überraschende Abbruch des Trainingsprogramms zum 1. April 1944 beschert Hirsch zwar empfindliche finanzielle Einbußen, zugleich aber die Gelegenheit zur ungestörten Abfassung seiner Doktorarbeit. Das Thema gilt der Geschichte des Saargebietes nach dem Ersten Weltkrieg. Ideale Arbeitsbedingungen bietet die Universitätsbibliothek von Laramie. Bücher von auswärts beschafft die bestens funktionierende Fernleihe.[104]

Die Kernpassagen der Saar-Dissertation Hirschs[105] werden Anfang der fünfziger Jahre mit Druckkostenzuschüssen der Bonner Bundesregierung in zwei Bänden des „Rheinischen Archivs" veröffentlicht. Ihr Echo ist ohne das neuerlich infolge des Zweiten Weltkrieges entstandene Saarproblem kaum zu verstehen. Zwar werden Einzelaspekte der Forschungsarbeit Hirschs in der angesehenen „Historischen Zeitschrift" durchaus zustimmend kommentiert. Doch veranlassen Hirschs „echte Wahrheitsliebe und ehrliches Streben nach Objektivität", die mit einer betont emotionslosen und nüchternen Analyse der Saarproblematik bei der Versailler Friedenskonferenz von 1919 und während des Genfer Völkerbundregimes von 1920 bis 1935 einhergehen, die Rezensenten zu skeptischen Einwendungen.

Für Hirschs Sympathien zugunsten einer Internationalisierung der Saarproblematik nach 1920 bringen sie wenig Verständnis auf.[106] Das mag mit der etwa zeitgleich laufenden deutsch-französischen Debatte zur Beilegung der Saarfrage zusammenhängen, in der seit 1951 wiederum nationale Lösungskonzepte mit supranationalen, nämlich „europäisch" genannten, rivalisierten. Dabei wurde die Europaidee von der in Saarbrücken regierenden Christlichen Volkspartei (CVP) des Ministerpräsidenten Johannes Hoffmann nach und nach ideologisiert, zum Zweck der Machterhaltung – vor allem im Vorfeld der Volksabstimmung vom 23. Oktober 1955 - instrumentalisiert und gegen das noch sehr lebendige Nationalgefühl der Saarländer ausgespielt.[107]

Doch sind wir zeitlich schon etwas vorausgeeilt. Erst einmal fasst der Geschichtsdozent aus Deutschland in Amerika beruflich Fuß, erlebt die Zäsur des Kriegsendes 1945 und danach deprimierende Eindrücke bei einer ersten Stippvisite in der kriegszerstörten Heimat.

Im Wintersemester 1944/45 eröffnet sich dem noch an der Promotion laborierenden Flüchtling die Möglichkeit einer Teilzeitarbeit am YMCA-College im Stadtzentrum von Chicago. Hinter dem Kürzel *YMCA* („*Young Men's Christian Association*") verbirgt sich eine dem deutschen CVJM („Christlicher Verein Junger Männer") verwandte Organisation der religiösen und sozial-kulturellen Jugendpflege.

Im Gegensatz zu dem vorhergehenden ist der neue Job nur spärlich besoldet. Hirsch gehört für das Fach Geschichte zum Lehrerteam der Schule, die an die 2.500 Schüler beiderlei Geschlechts mit einem Unterrichtsstoff vertraut zu machen hat, der den beiden letzten Klassen einer europäischen Höheren Schule bzw. den ersten Semestern einer Universität in Europa entspricht. Nach nur wenigen Monaten wird diese erste akademische Beschäftigung Hirschs vorzeitig beendet.

Roosevelt College

Grund dafür ist die von ihm so bezeichnete „Professorenrevolution". Wegen der diskriminierenden Behandlung „unterprivilegierter Minderheiten", wie Farbiger und Amerikaner japanischer Abstammung („*Nisei*" genannt), trennen sich im Frühjahr 1945 neunundvierzig Dozenten von ihrer bisherigen Schule. Sie wagen den Versuch der Neugründung eines „progressiven" Colleges, der dank freiwilliger Stiftungsgelder wohlhabender Amerikaner auch gelingt. Die Neugründung wird den Namen des am 12. April 1945 verstorbenen US-Präsidenten Franklin Delano Roosevelt (1882-1945) tragen.[108]

Die als „rot" geltende Bildungseinrichtung wird Hirsch bis zu seiner Rückwanderung nach Deutschland – zuletzt in der unkündbaren Stellung als *Associate Professor for European History* – Arbeit und Lebensunterhalt bieten.[109] Eines seiner Lieblingsthemen, die er dort unterrichtete, galt der französischen Kultur seit 1870. Dem – wie er schreibt – „sozialreformerischen Gegenspieler der nationalsozialistischen Konterrevolutionäre" und „Namensgeber der 1945 von mir mitgegründeten Chicagoer Hochschule", F.D. Roosevelt, gilt Hirschs ganze Dankbarkeit, war er doch letztlich der Aussteller des Notvisums, das ihm und seiner Frau Eva das Entkommen aus den Fängen des NS-Regimes ermöglicht hatte.[110]

Hilfe für Deutschland

Roosevelts Amtsnachfolger Harry S. Truman (1884-1972) wird kritischer gesehen. Den Abwurf der Atombomben über Japan nennt Hirsch rücksichtslos, da deren Zerstörungskraft auch in einer unbewohnten Gegend hätte demonstriert werden können.[111] Auch Trumans interne Reaktion auf eine von Hirsch und Kollegen initiierte Petition vom 19. Dezember 1945 zur Erhöhung der Lebensmittelrationen in Deutschland, um „den Tod einer großen Anzahl Deutscher durch Verhungern" zu verhindern, zitiert der Memoirenschreiber Hirsch ernüchtert. Truman soll den Offenen Brief der Emigranten mit einer verblüffenden Frage quittiert haben: Woran man denn die eine helfende Hand verdienenden guten Deutschen von den schlechten unterscheiden könne?[112]

Ein gutes Jahr später hatte sich die weltpolitische Konstellation deutlich geändert. Im Zeichen des aufbrechenden Ost-West-Konfliktes gingen die USA zur Politik der Eindämmung (*„Containment"*) des Kommunismus über, Truman-Doktrin und Marshallplan boten militärische und finanzielle Hilfe für die gefährdeten Staaten Europas, Deutschland eingeschlossen. Die in der erwähnten Emigranten-Petition monierte Paketsperre für Deutschland war aufgehoben. Hilfsmaßnahmen liefen an, an denen sich auch Hirschs Geschichtskurs beteiligte. Über Spenden finanzierte *Care*-Pakete seiner Studenten erreichten auch viele hungernde Deutsche.

Dankschreiben aus Deutschland für derartige humanitäre Hilfsaktionen hinterlassen bei Hirschs Studenten bleibende Eindrücke. Etwa der Brief eines Barmer Realgymnasiasten. Er hatte bei einem Luftangriff ein Bein verloren, wollte aber das an ihn adressierte *Care*-Paket nicht behalten. Andere, so schreibt er, seien schlimmer dran: „Wir haben immerhin noch Kartoffeln zu essen."[113]

Bei einer ersten Deutschlandreise 1951 ist Hirsch schockiert über das Ausmaß der Kriegszerstörungen etwa in Köln, der „am schwersten bombardierten Stadt Deutschlands."[114] Erst allmählich entwickelt er Verständnis für die Wehleidigkeit der kriegsüberlebenden Verwandten im Rheinland, ihre Egozentrik und ihr Selbstmitleid. Ihm wird nachhaltig bewusst: Auch den im Land verbliebenen, nicht im Konzentrationslager gequälten Deutschen hatte das Erlebnis des Krieges und das totalitäre Regime tiefe Narben zugefügt. Doch scheint der Mythos vom reichen Amerika in den Köpfen vieler Menschen noch ungebrochen. Über die „völlige Unkenntnis" seiner finanziellen Potenz seitens der Kölner Verwandten („Der Helmut hat Geld wie Heu") kann der in bescheidenster pekuniärer und wohnlicher Enge lebende Emigrant nur ein bitteres Lächeln empfinden.[115]

Drei Wochen lang sammelt der emigrierte Rheinländer vielfältige Eindrücke über Land und Leute im neuen Deutschland. Die Trümmerberge des zerstörten Berlin machten das Ehepaar geradezu krank. Zu diesen äußerlichen Kontrasten zum gewohnten US-Alltag gesellten sich für die Besucher „Kontraste im Geistigen".

Wer das ständige Kommen und Gehen, das Sichräkeln, ungeniertes Gähnen und Kaugummikauen in amerikanischen Hörsälen aus eigener Anschauung kenne, so notiert Hirsch in einem Erfahrungsbericht, wisse es zu schätzen, als Vortragsredner in Deutschland eine aufmerksame und dankbare Zuhörerschaft zu finden. Doch vermisst er die von amerikanischen Studenten her gewöhnte Bereitschaft zu selbständiger, wenn auch zuweilen unhöflich vorgebrachter Kritik.[116] Mit Befremden registriert Hirsch Autoritätsgläubigkeit, Jasagertum, resignierende Hoffnungslosigkeit und Unzufriedenheit schon unter vielen Jugendlichen. Keine Spur von dem für den *american way of life* charakteristischen zupackenden Optimismus, viele Spuren aber des subalternen Obrigkeitsdenkens unseliger Vergangenheit!

Das vorsichtige Resümee der Besuchserfahrungen Hirschs im frühen Nachkriegsdeutschland verdient, zitiert zu werden: „Darf man nach vielen mosaikartigen Erlebnissen verallgemeinern, so fand ich eine gewisse Muffigkeit in politisch zurückhaltenden und etwas Sektierertum in politisch aktiven Kreisen, zugleich aber ein in den USA eher rares Interesse an Theorie und Organisation. Bei der Jugend standen Verfallserscheinungen neben Zähigkeit und Unternehmungslust wie trostlose Ruinen neben hoffnungsvollem Aufbau, das Festhalten an Veraltetem neben dem Fortentwickeln wertvoller Traditionen."[117]

Selbstkritik

Zurück nach Amerika. Dort trifft Hirschs gelegentlich überschäumender Sinn für amerikanische Selbstkritik nicht nur bei Besuchern aus Deutschland manchmal auf wenig Gegenliebe, sondern auch bei College-Kollegen. In der Absicht, ihnen zu mehr Selbstvertrauen zu verhelfen, begrüßt Hirsch im Oktober 1950 deutsche Gäste in Chicago, indem er – wie den Memoirenlesern erklärt wird – „einige anerkannte deutsche Tugenden mit entsprechenden notorischen Untugenden der Amerikaner" kontrastiert.

Den als Scherz gedachten Schluß der Begrüßung zitiert der Memoirenautor wörtlich: „Hätten die Amerikaner noch mehr Sinn für Humor, dann würden sie anstelle der Freiheitsstatue Denkmäler für Europas Autokraten errichten – von Georg III. bis zu Hermann dem Goeringen (!). Denn ohne die vor ihnen Ausgerückten würde dieses Land noch immer hauptsächlich von Indianern und Büffeln bewohnt sein."

War es der respektlos-saloppe Stil („Ausgerückte" statt „Emigranten"), das zwischen den Zeilen hervorlugende, auch von Hirsch gelegentlich geteilte kulturelle Überlegenheitsbewusstsein der Einwanderer aus der Alten Welt oder beides zusammen: Die so angesprochenen Deutschen führten Beschwerde bei Hirschs Kollegen, wiederholten diese in Washington D.C. und bewirkten eine amtliche Reaktion: Das US-Innenministerium strich die für die fragliche Kurzausbildung gewährten Mittel. Fürwahr ein *„inept joke* – unangebrachter Scherz", wie ein Kollege Hirschs kommentierte, mit spürbaren Folgen![118]

Die tröpfchenweise ans Licht dringenden Einzelheiten über Greuel aus deutschen Konzentrationslagern glaubt auch Hirsch zunächst nicht. Doch bleibt er auch später bei seiner Ablehnung der Kollektivschuldthese, wozu er sich auch im Offenen Brief an Präsident Truman vom 19. Dezember 1945 bekennt: „Wir widersetzen uns nicht nur Rassetheorien, sondern auch der ‚Kollektivschuld' eines ganzen Volkes."[119] Von „guten Deutschen" als einer gleichförmigen Einheit zu reden, mahnt Hirsch im Herbst 1945 im „Journal of Modern History" der University of Chicago, sei „gerade so falsch wie der selbst unter liberal gesonnenen Leuten so verbreitete Glaube, daß es nur ‚schlechte' Deutsche gebe."[120]

Seit Kriegsende haben sich die Kontakte Hirschs zur alten deutschen Heimat intensiviert. Deren Probleme, darunter auch die neu aufgekommene deutsch-französische Saardebatte, werden von dem emsig arbeitenden Autor auf vielfältige Weise publizistisch umgesetzt: Zeitungsartikel, Zeitschriftenbeiträge, Rundfunksendungen in Deutschland und Amerika.[121]

US-Staatsbürgerschaft

Am 15. April 1947 werden Eva und Helmut Hirsch – sie zählt inzwischen 37 Jahre, er 39 – vom Chicagoer Bezirksgericht des Nördlichen Distrikts von Illinois zu Amerikanern gemacht. Nach einer feierlichen Zeremonie erhalten die beiden zusammen mit einer Schar anderer frisch Naturalisierter die Bürgerschaftspapiere. Zuvor war die übliche mündliche Prüfung über die Regierungsgrundsätze der Vereinigten Staaten abzulegen. Daß er über seine Auffassung von demokratischem Sozialismus und Bolschewismus ausführlich befragt wird, hält Hirsch für selbstverständlich. Immerhin hat er sich schon öfter mit diesem Fragenkreis publizistisch beschäftigt. Seine Präferenz für die demokratische Spielart des Sozialismus und seine Ablehnung des Bolschewismus sind bekannt.

Als „niederschmetternd" jedoch wegen des zugrunde liegenden rassistischen Denkmusters empfindet der politische Flüchtling aus Deutschland die Frage, ob er seinen erwachsenen Sohn mit einer „Farbigen" verheiraten würde. Die unbekümmerte Bejahung („Ja, wenn er sie liebt.") quittiert die Stenographin mit merklichem Entsetzen.[122]

Bezeichnend für das Selbstbewusstsein des „kontinentalen Sozialisten" und sein Vertrauen in den amerikanischen Freiheitsgeist ist Hirschs erste Aktion nach Erlangung der US-Staatsbürgerschaft. Er solidarisiert sich mit dem Aufruf einer sozialistischen Studentenorganisation: „Nachdem ich heute morgen amerikanischer Staatsbürger geworden bin, wünsche ich als meine erste bürgerliche Handlung das Unterstützen der Sache zu dokumentieren, für die Ihr *meeting* eintritt. Ich bin jeglicher Beschränkung der akademischen und persönlichen Freiheit abgeneigt, einerlei, ob solche Beschränkung Deutschen, Russen oder Amerikanern auferlegt wird (...) Die Freiheit ist unteilbar."

Drei Monate später erliegt Hirschs Vater Emil im Londoner Exil, siebzigjährig, einer Lungenkrebserkrankung. Der in der Grabrede des Sohnes als „tapferer kommunistischer Kämpfer für soziale Gerechtigkeit" gewürdigte, vormals wohlhabende Wuppertaler Textilkaufmann war nach KZ-Folter und Verfolgung durch die Nationalsozialisten in zuletzt bescheidenen Verhältnissen in der britischen Hauptstadt gestorben. „*Cigar Salesman* – Zigarrenverkäufer" verzeichnet der Totenschein unter der Rubrik „Beruf".[123]

3. Kapitel: Heimkehr

*Die Fahrt ins Exil ist „the journey of no return".
Wer sie antritt und von der Heimat träumt, ist
verloren. Er mag wiederkehren, aber der Ort,
den er dann findet, ist nicht mehr der gleiche,
den er verlassen hat, und er selbst ist nicht
mehr der Gleiche, der fortgegangen ist.
Er mag wiederkehren (...)
Aber er kehrt niemals heim.*

Carl Zuckmayer (1896-1977), emigrierte 1938 über die Schweiz nach Vermont/USA, wo er Farmer wurde. Geschrieben 1939.[124]

Erste Begegnungen mit prominenten Persönlichkeiten der jungen Bundesrepublik – allen voran im Oktober 1947 der eruptive und kämpferisch angreifende SPD-Vorsitzende Kurt Schumacher (1895-1952), gefolgt im März 1949 von dem undogmatischen und diplomatischer auftretenden Berliner Oberbürgermeister Ernst Reuter (1889-1953) – lassen bei Hirsch erstmals Rückwanderungswünsche wach werden.[125] Mit seinem auffallenden politischen und publizistischen „Aktionismus", seiner umfänglichen Publikationstätigkeit, seinen sozialgeschichtlichen Vorträgen in oft freiheitlich-sozialistischen Zirkeln und seiner Neigung, sich mit Worten und Taten zu solidarisieren, woimmer unkonventionelle Initiativen aufflackerten, hatte Hirsch in Kollegenkreisen immer öfter Stirnrunzeln ausgelöst. Dies wurde verstärkt durch Hirschs ausgeprägten Hang zur Selbstpropaganda über „flink" lancierte Pressenotizen vor Ort.[126]

In einem Schreiben an seinen College-Präsidenten Sparling klagt Hirsch Anfang 1947: „Ich fühle mich zunehmend frustriert und von meinen Kollegen isoliert. Der Verwaltung gegenüber habe ich keine Beschwerde. Und meine Studenten liebe ich abgöttisch." – Eine einjährige Beurlaubung zum Austin-College im texanischen Sherman wird problemlos genehmigt. Dort wirkt Hirsch als Lehrer für Deutsch und nebenher als Dozent für Kunstgeschichte am Institute of Design, einem Ableger des legendären „Bauhauses".[127]

Die allmählich reifenden Remigrationswünsche Hirschs werden nicht nur von Aufmunterung begleitet. Edward J. Sparling, der befreundete Rektor der Roosevelt University, gießt Ende 1950 Wasser in den Wein und warnt vor einer Rückkehr nach Deutschland: „Schwarze, jüdische und sozialistische Lehrer" müssten dankbar dafür sein, überhaupt eine Anstellung gefunden zu haben.[128] Er weiß sehr wohl, daß zwei der genannten Attribute auch für Hirsch Schwierigkeiten bedeuten könnten.

Hirschs Kontakte mit der alten Heimat bleiben rege. Er reist regelmäßig nach Deutschland, um wissenschaftliche und publizistische Recherchen durchzuführen. Ein Überfall unweit der eigenen Wohnung in Chicago am 22. Februar 1957, so erinnert er sich später, sei wahrscheinlich „der stärkste Motor" zu einem einjährigen Aufenthalt in Deutschland gewesen, der in die Rückwanderung mündete.[129] Der materielle Schaden des Überfalls ist zwar gering. Die jugendlichen Räuber hatten Eva Hirschs Handtasche mit dem Wechselgeld einer Abendveranstaltung mit dem SPD-Vorsitzenden Erich Ollenhauer (1901-1963) entrissen. Doch verstärkt das Erlebnis bei den Betroffenen das Gefühl der Unsicherheit und allgegenwärtigen Kriminalität in der jetzt drittgrößten Stadt der USA.[130]

Die erste Rückwanderung Hirschs (1957 bis Anfang 1960) misslingt. Er amtiert 1957/58 nominell als Leiter des Dortmunder Auslandsinstituts, hat aber – wie er rückblickend unverschnörkelt gesteht – „nichts zu melden."[131] Hirsch kehrt in die Staaten zurück, geht auf ein Jahr ans Lake Erie College in Painsville, Ohio, „mit seinen hauptsächlich fürs Geheiratetwerden auszubildenden Mädchen zwischen achtzehn und zweiundzwanzig, seinen dreißig Reitpferden, seiner Yacht und seinem Little Theater." Erneut stellt der Unangepasste sein komödiantisches Talent zur Schau, spielt den König in Giraudoux's "Ondine", dessen Rolle er im Wasser des *swimming pool* zu rezitieren hat. Wehmütiger Kommentar Jahrzehnte später: „Es ist mein letzter längerer und engerer Kontakt zu dem in den USA pulsierenden Leben."

Im Jahr des Mauerbaus, 1961, kehrt der Amerika-Emigrant Helmut Hirsch endgültig in die Bundesrepublik Deutschland zurück. Der Weg der Rückwanderung ist steinig, gepflastert mit nicht erfüllten Versprechungen, mit vagen Hoffnungen und zufallsbedingtem Pech.[132]

Karl Heinrich Knappstein (1906-1989), Anfang der fünfziger Jahre deutscher Generalkonsul in Chicago, lobt zwar vor Mitarbeitern Hirschs

Kampagnen in der dortigen englischsprachigen Presse als vorbildlich, versagt ihm aber seine Protektion bei späteren Stellenbewerbungen im Bonner Auswärtigen Amt.[133] Ein Gönner Hirschs, der Diplomat Dr. Gustav Strohm (1893-1957), vormals Saarexperte von Bundeskanzler Adenauer, stirbt, medizinisch unterversorgt, als deutscher Gesandter in Pretoria (Südafrika) „und mit ihm seine mündliche Zusage, daß ich bei einer Rückwanderung ‚natürlich' vom Auswärtigen Amt übernommen würde."[134]

Verleger Ledig-Rowohlt

Als Glücksfall erwiesen sich Hirschs Kontakte zur Hamburger Verlegerdynastie Rowohlt. Der von Ernst Rowohlt (1887-1961) gegründete Verlag hatte nach der Machtergreifung Hitlers schwere Verluste erlitten. Von 140 Buchtiteln waren mehr als die Hälfte beschlagnahmt, verboten, verbrannt worden. Der Verleger selbst wurde 1938 wegen Tarnung jüdischer Schriftsteller mit Berufsverbot belegt und ging ins brasilianische Exil nach Rio Grande. Sein Sohn Heinrich Maria Ledig-Rowohlt (1908-1992) kam nach der 1943 verfügten Verlagsschließung an die Ostfront, wo er eine schwere Rückgratverletzung erlitt.

Nach dem Zweiten Weltkrieg sollte er sich als Pionier mit großem verlegerischem Gespür erweisen. Es galt nach der geistigen Dürre der zwölf Diktaturjahre, einen gewaltigen Lesehunger zu stillen. Ledig-Rowohlt beschritt neue Wege. Er ließ Romane in Zeitungsformat drucken und brachte 1950 nach angelsächsischem Vorbild erstmals in

Deutschland preiswerte Taschenbücher auf den Markt. Der Erfolg war enorm. Neue Taschenbuchreihen wurden gegründet, darunter die von Kurt Kusenberg herausgegebenen „rowohlts monographien in Selbstzeugnissen und Bilddokumenten."[135]

Für die nachmals berühmt gewordene Reihe der „rororo bildmonographien" sollte Helmut Hirsch später drei Porträts herausragender Persönlichkeiten der deutschen Arbeiterbewegung erarbeiten, von denen noch die Rede sein wird: Friedrich Engels (1968), Rosa Luxemburg (1969) und August Bebel (1973). Der Band über die als „Adler mit dem Taubenherz" vorgestellte Revolutionärin würde sich zu einem in zahlreiche Sprachen übersetzten Bestseller entwickeln. Dem, wie er schreibt, „geliebten" Hamburger Verleger Heinrich Maria Ledig-Rowohlt dankt der Memoirenschreiber Hirsch ausdrücklich dafür, daß er seine Rückwanderung beruflich sinnvoll gemacht habe.[136]

Das Bemühen des Rückwanderers um eine angemessene berufliche Stellung war nicht gerade vom Glück begünstigt. Resigniert bilanziert Hirsch später: Wann immer ihm irgendein „Streich" geglückt sei – eine öffentlich anerkannte Publikation, eine Rundfunksendung, eine von ihm initiierte Expertenrunde in einem US-Radioprogramm – immer habe er sich eingebildet, das sei „der Durchbruch."[137] Doch der ließ in Wirklichkeit lange auf sich warten. Ein ordentlicher Lehrstuhl an einer deutschen Universität blieb Hirsch versagt. Seiner Lebensfreundin Gisèle Freund (1908-

2000), der berühmten im Pariser Exil verstorbenen Fotografin, legt Hirsch in den Mund, was er wohl selbst empfindet: Daß ihr seine Rückkehr nach Deutschland immer „würdelos" erschienen sei.

Immerhin zeigte sich das Land Nordrhein-Westfalen, in dessen Düsseldorfer Metropole sich der Rückwanderer niederließ, erkenntlich. Es bot Hirsch Gelegenheit, von 1962 bis 1969 an der Verwaltungs- und Wirtschaftsakademie zu lehren, gleichzeitig noch Lehraufträge im Ausland wahrzunehmen und von 1972 bis 1977 als Honorarprofessor für Politikwissenschaft an der Gesamthochschule Duisburg zu lesen. Daß diese Geste der Wiedergutmachung so spät kam, bleibt für Hermann Rudolph „eine der Unerklärlichkeiten jener Jahre" der stürmischen akademischen Expansion, in der sich „so ziemlich jeder bemühte Silbenstecher" an der Universität sein „Nest" habe richten können.[138]

Als Deutscher in Amerika

Zwei Jahrzehnte amerikanischen Exils lagen hinter dem deutschen Emigranten, als er sich 1961 anschickte, in der alten Heimat wieder Fuß zu fassen. Vom Lagerarbeiter hatte es der Jungakademiker zum College-Lehrer und schließlich *Associate Professor* an der Roosevelt University in Chicago gebracht. Lehrend, schreibend und debattierend, hatte er sich bemüht, den Amerikanern sein Bild von Europa nahe zu bringen. Sein Ziel war es, „sie für die mir richtig erscheinende Behandlung der Europäer zu gewinnen."[139]

Welchen erwähnenswerten Besonderheiten der amerikanischen Gesellschaft war Hirsch dabei begegnet? Welche Merkmale der besonderen Mentalität und politischen Kultur der US-Amerikaner fielen ihm auf?

Von der konsequenten Zweiteilung der auf dem Leistungs- und Gewinnprinzip beruhenden Gesellschaft der USA war schon die Rede. Hier gebe es „zwei Klassen von Leuten, die Habewasse und die Habenichtse", hatte ihm sein Retter Lee de Blanc schon vor der Atlantiküberfahrt in einem Brief an Hirschs Marseiller Adresse offenbart.[140] Dem Marx- und Engelskenner muß da unwillkürlich die Diagnose der kapitalistischen Klassengesellschaft aus dem „Kommunistischen Manifest" von 1848 in den Sinn geschossen sein. Trost mag in dieser Lage das in der amerikanischen Unabhängigkeitserklärung von 1776 beschworene „Glücksstreben – *pursuit of happiness*" dem um sein und seiner Ehefrau Leben bangenden politischen Verfolgten geboten haben.

Licht und Schatten

Wie zahllose Einwanderer vor ihm und nach ihm machte auch Hirsch als erstes die prägende Erfahrung, „daß der amerikanische Vielvölkerstaat nicht das Glück fördert, sondern nur das Streben danach, und nicht eine Sicherheit von der Wiege bis zur Bahre garantiert, sondern nur Chancen."[141] Also begann auch Hirsch auf der untersten Sprosse der Erfolgsleiter mit der Verwirklichung des „amerikanischen Traums." Aber er erfuhr auch, daß da überhaupt eine Leiter war und er das Recht zum Aufstieg hatte, ungeachtet seiner Herkunft und politischen Überzeugung.

Ist es verwunderlich, daß vor dem Hintergrund der Judenverfolgung im Deutschland und Österreich Adolf Hitlers die in einem Vortrag geschilderten „Leiden der Indianer" Nordamerikas dem soeben Gelandeten eine „schreckliche Ahnung" bescheren: „Daß die Vorfahren der lächelnden Bewohner dieses Lands unsern deutschen und österreichischen Zeitgenossen im Unterdrücken einer alteingesessenen Volksgruppe verzweifelt ähnlich gewesen sein müssen?"[142]

Als „freiheitliche Sozialisten – *libertarian socialists*" hatten Helmut und Eva Hirsch stets für „*underdogs* – Benachteiligte" gekämpft. Nun waren sie selbst welche[143] in den USA. Das erklärt ihre feinausgebildete Sensibilität für Diskriminierung jeglicher Art, sei sie religiöser, rassistischer, gesellschaftlicher, sprachlicher oder politischer Natur. Die im nationalsozialistischen Machtbereich selbst Diskriminierten solidarisierten sich bei jeder sich bietenden Gelegenheit mit Einzelnen oder Gruppen gegen deren Benachteiligung. Von einer Gleichberechtigung der Rassen waren die USA in den vierziger und fünfziger Jahren noch weit entfernt.[144]

Verständlich deshalb, daß es sich bei den Anti-Diskriminierungsaktionen im Umkreis des Roosevelt-Colleges zumeist um Proteste gegen die Benachteiligung oder Herabsetzung von Farbigen handelte. Es ging dabei auch um ganz alltägliche Vorkommnisse, wie die Diskriminierung von schwarzen Studenten in Hotels, beim Frisör oder am Strand. Ein einschlägiges Kapitel der Amerika-Memoiren Hirschs bringt den bedenklichen Sachverhalt auf den Punkt: „Ungleichheit im Gleichheitsstaat."[145]

An einer Stelle nennt Hirsch fünf gesellschaftliche Gruppen - einmal abgesehen von John F. Kennedy (1917-1963), Katholik irischer Herkunft und 35. US-Präsident (1961-1963) –, denen es kaum möglich sei, höchste staatliche Würden, vor allem das Präsidentenamt, zu erlangen: Katholiken, Jüdischgläubige, Amerikaner japanischer Herkunft, Schwarze und Frauen. Sein Kommentar dazu: „Die Mehrheit des Volks!"[146] Eine sicherlich überpointierte Analyse des Vergleichs von Verfassungstext und Verfassungswirklichkeit. Denn ungeachtet dieses skeptischen Befundes sind die Vereinigten Staaten nach wie vor Zielland Nummer 1 auf der Wunschliste der Auswanderer in aller Welt.[147]

Nach dem Zweiten Weltkrieg erschienen die Vereinigten Staaten mit ihrer robusten Demokratie, ihrer wirtschaftlichen Leistungsfähigkeit und militärischen Stärke den Europäern und besonders den Deutschen als ein erstrebenswertes Vorbild. Das „Land der Freiheit und des Fortschritts" inspirierte vielfach grenzenlose Bewunderung und schwärmerische Begeisterung.[148] Als emotionsloser Analytiker von Fakten suchte Helmut Hirsch, in die Rolle des Chicagoer Fremdenführers geschlüpft, diesen ein wenig realitätsfernen Amerika-Mythos zu entzaubern. Seine deutschen Besucher goutierten das nicht unbedingt.

Dankbare Westdeutsche

So begrüßte Hirsch im Oktober 1947 den SPD-Vorsitzenden Schumacher samt Begleitung in Chicago mit dem für Amerika wenig schmeichelhaften Kompliment: „Sie bringen Kultur in dieses kulturlose Land." Ein, wie Hirsch kokett kommentiert, „säurescharfer Kulturvergleich", der ihm „leider nicht unähnlich" sehe. Auf der gleichen Linie weiterschreitend, riskiert er im heimatlichen Wuppertal 1951 den Vorschlag, „Europa solle einen kulturellen Marshall-Plan für Amerika ins Leben rufen."[149]

Starker Tobak, den der Polemiker mit solchen Zwischenrufen einem Publikum zumutete, das nach der strafenden inzwischen die helfende Hand Amerikas kennen- und schätzen gelernt hatte. Jene, denen die braune Diktatur die Freiheit genommen hatte, dankten deren Wiedererlangung vor allem der vom Kriegsgegner zum Besatzer und dann zum Verbündeten gewordenen Großmacht USA. Der dank Marshallplan begünstigte Wiederaufbau der deutschen Wirtschaft lief auf Hochtouren. Die Hilfsaktion der westlichen Luftbrücke zur Versorgung der drei Millionen Westberliner während der sowjetischen Blockade der Westsektoren Berlins war den Bundesbürgern noch in frischer und dankbarer Erinnerung. Soviel Hilfsbereitschaft ließ damals kaum Raum für kritische Anmerkungen zur Gesellschaft Amerikas. Antiamerikanismus gab es in den fünfziger Jahren nicht einmal als Wort. Im Gegenteil, der amerikanische Lebensstil galt vielen als großes Vorbild.[150]

Der Emigrant Hirsch jedoch, Sohn aus gutem Hause, Absolvent eines klassischen deutschen Gymnasiums und bestens vertraut mit dem geistigen Erbe der Antike und der deutschen Klassik, konnte sich die leicht herablassende Bewertung des kulturellen Niveaus seines Gastlandes leisten. Das illustrierte die in Amerika garantierte Freiheit der Rede und verschaffte dem aus der Heimat Getriebenen wenigstens ein Quentchen Genugtuung: Auch die Alte Welt hat ihre Errungenschaften, trotz verhängnisvoller Irrwege und Verbrechen im 20. Jahrhundert.[151]

Mythos und Wirklichkeit der amerikanischen Gesellschaft wussten die Zuwanderer aus Europa sehr schnell zu unterscheiden. „Am Fuße vom Schlaraffenlande", dichtete Hirsch damals, „erweist der Reisbrei sich von Sande, und dennoch, dennoch träumen wir!" – „Das ist der Preis der Freiheit, der Missbrauch der Freiheit! Auf dem saftigsten Boden wächst auch Unkraut." Mit diesem Diktum sollte der PEN-Autor Helmut Hirsch am 1. Oktober 1985 vor saarländischen Oberschülern in Neunkirchen die Schattenseiten der amerikanischen Freiheit charakterisieren. Denn diese hatten den wachen Beobachter, je länger er in Amerika lebte, immer mehr bedrückt, vor allem das Klima der Unsicherheit und oft sozial bedingter Kriminalität und Gewalt.[152]

Ein heruntergekommener „farbiger" Wohnbezirk im südlichen Chicago inspiriert dem Deutschamerikaner die resignative Einsicht, daß mancherorts „Freiheit auch die Freiheit von der Reinlichkeit" einschließe. Oder die Freiheit von

Manieren, von der hemmungslose Husterei während des Konzertes oder ungeniertes Gähnen und Kaugummikauen von Studierenden während der Vorlesungen zeugen. Letzteres relativiert sich jedoch für den Historiker am Katheder durch die Fähigkeit und Bereitschaft seiner amerikanischen Studenten zu selbständigem Denken und kritischem Fragen.[153]

Großzügigkeit

Der aus Europa kommende Einwanderer übergeht natürlich auch nicht die Tugenden der Amerikaner. Seine Erinnerungen singen ein wahres Loblied auf die „feinen Eigenschaften" der amerikanischen Kultur, die Europäern oft abgehen: Auf die „Achtung vor dem Andersdenkenden", auf „das Genie für großzügige Operationen" (wie den *New Deal*, das Sozialprogramm des Präsidenten Franklin D. Roosevelt)[154], auch auf den „Sinn für Selbstkritik". Die gleichfalls gerühmte Freimütigkeit und Ehrlichkeit war Hirsch schon vor seiner Ankunft und dann bei den ersten unsicheren Gehversuchen auf dem nordamerikanischen Kontinent in Gestalt ungeschminkter Zukunftsszenarien in Briefform begegnet.

Wie oft hatte das Immigranten-Ehepaar die sprichwörtliche amerikanische Großzügigkeit erfahren, vielfältige finanzielle und menschliche Hilfsbereitschaft, die auch die Überlassung einer „bis zum letzten Teelöffel herunter" vollständig eingerichteten Wohnung „zu einem Spottpreis" einschließen konnte![155]

Ungeteilten Applaus findet der Stolz der Amerikaner auf ihre Verfassung und deren Prinzipien, symbolisiert durch das Sternenbanner, das überall in dem riesigen Land von früh bis spät flattert: „Beneidenswerte USA", kommentiert Hirsch, „wo neben jedem öffentlichen Sprecher als Zeichen der Redefreiheit das Sternenbanner zu prangen hat – ein Verfahren, das sich durch einen entsprechenden Gesetzesvorschlag auch hierzulande – in der Bundesrepublik also (Anm. d.Vf.) – einführen ließe."[156]

Geradezu lyrisch wird der „rettungslos verpreußte" Rheinländer[157], kommt er auf den amerikanischen „Sinn für Humor" zu sprechen, „jene großmütige Heiterkeit, die, mehr als alles andre, aus einem weiten Land ein großes gemacht hat."[158] – Eine kleine Liebeserklärung Hirschs an das Land seiner Rettung: „Amerika, du Morgenröte."

4. Kapitel: Hauptwerke

"Das einzige, was von mir bleibt, sind meine Werke."

Helmut Hirsch im Gespräch (2002)

Am 1. September 1848 berichtete Friedrich Engels seinem Freund Köppen über eine Exil-Erfahrung: „Aber man muß dem teuren Vaterlande Opfer zu bringen wissen, und das größte Opfer ist, daß man in eben dies Vaterland zurückkehrt." Als Helmut Hirsch seinem Vaterland dieses Opfer gebracht hatte, musste er sich in Ermangelung einer festen Anstellung mit Gelegenheitsforschungen mühsam über Wasser halten. Klaus Goebel nennt den Grund: „Dem einen erschien er zu alt, dem anderen zu links."[159]

Ernüchternde Umstände also, unter denen Hirsch seine schon in Amerika begonnene Publikationstätigkeit in Deutschland fortsetzte. Seine Aufmerksamkeit galt vor allem der Sozialgeschichte. Aus der Beschäftigung mit der Geschichte der vornehmlich deutschen Arbeiterbewegung sollten in den folgenden Jahren eine Reihe vielgelesener Werke entspringen, auf die hier nur einige Schlaglichter geworfen werden können.

Schon sehr bald gelang es Hirsch, in der populären Reihe der Bildmonographien des Rowohlt-Verlages drei biographische Essays über führende Repräsentanten der sozialistischen Bewegung zu publizieren.

Friedrich Engels

Schon der erste Band über Friedrich Engels (1820-1895), den engsten Weggefährten, Gesinnungsgenossen und finanziellen Wohltäter von Karl Marx (1818-1883) und Familie, verrät typische Merkmale der sozialwissenschaftlich ausgerichteten Arbeiten Hirsch.[160] Da ist bei aller Sympathie für die Hauptperson und deren Mitgefühl für die Leiden und Freuden der Ärmsten der Armen keine Spur von Heldenverehrung zu erkennen: Trotz seiner „erstaunlichen Arbeitskraft" und seines ungewöhnlichen „Charmes" sei Engels „kein großer, sondern nur ein bedeutender Mann" geworden.[161] Da ist auch kein Hang zur Idealisierung eines Menschen mit allen seinen Stärken und Schwächen auszumachen: Zu diesen zählte August Bebel die Vorliebe von Engels für „Wein, Weib und Gesang", Hirsch auch gelegentliche Vorurteile, unzutreffende Prognosen, temporäre Eroberungsgelüste und die „Methode der gnadenlosen Auseinandersetzung mit Rivalen."[162]

In aller gebotenen Fairness wird der Wuppertaler Fabrikantensproß Engels als „Fürsprecher der Enterbten" porträtiert, der für die „Leiden der Proletarier und Lumpenproletarier" wache Augen und ein offenes Ohr hatte.[163] Doch wird seinem ersten größeren Werk („Die Lage der arbeitenden Klasse in England", Leipzig 1845) mehr agitatorische als wissenschaftliche Qualität beigemessen. In dieser Schrift analysiert Engels – kaum 24 Jahre alt – die tiefgreifenden Folgen der Industriellen Revolution in England. Diese führte zur Entstehung einer gigantischen Maschinenindustrie und zur Herausbildung eines städtischen Proletariats.

Unternehmerisches Tun, so moniert Hirsch, werde von Engels generell und undifferenziert negativiert und das 18. Jahrhundert unbegründeterweise idealisiert. Die sozialwissenschaftlichen Voraussagen des Verfassers „erwiesen sich großenteils als nicht minder verkehrt denn seine historischen Rückblicke."[164]

Das von Karl Marx und Friedrich Engels gemeinsam formulierte „Kommunistische Manifest" von 1848 würdigt Hirsch als weltweit wirkendes „Gedanken- und Wortkunstwerk", ein suggestiv formuliertes „Glaubensbekenntnis".[165] An anderer Stelle nennt Hirsch das Manifest ein reines Pamphlet, das jedoch – im Gegensatz zu Marxens „Kapital" – die großen Leistungen des Kapitalismus rühme und anerkenne. Doch habe Engels mit der Absicht, die Leser zu amüsieren, „Sachen" hineingeschrieben, „die nicht zu vertreten (...) und die einfach Verleumdungen der Bürgerlichen und der Kapitalisten waren."[166]

Hirsch ist in seinen Publikationen immer gut für eine überraschende Pointe, so auch in der Engels-Biographie. Nicht die Programmschrift von 1848, nein, „das Wertvollste und (...) bestimmt das Interessanteste", das die beiden Korrespondenten Marx und Engels der Nachwelt hinterlassen hätten, das seien die 1.386 Briefe ihrer über fast vier Jahrzehnte gehenden Korrespondenz.[167]

Neben der fröhlich-unproblematischen beleuchtet Hirsch auch bedenkliche Seiten des Philosophen Friedrich Engels. Etwa seinen Haß auf die „slawischen Barbaren" und die „russischen Räuberbanden." Engels habe sogar den Genocid gegen reaktionäre Klassen, Dynastien und ganze Völker bejaht. In dieser Erwähnung sieht der Marx-Psychograph Arnold Künzli einen Beitrag zur Entmythologisierung, der Nachahmung verdiene: „Wann endlich", so fragt er, „gewinnen die Marxisten genügend Distanz zu sich selbst, um sich auf ähnlich sachliche Weise mit ihren ‚Kirchenvätern' auseinandersetzen zu können?"[168]

August Bebel

Der ebenfalls bei Rowohlt erschienene Essay über August Bebel (1840-1913)[169], den „Schattenkaiser der Arbeiter"[170], lässt weitere Leitmotive der Schriften Hirschs anklingen. Ein Oberstufen-Geschichtsbuch des Jahres 1973 ruft Hirsch auf den Plan. Darin werden dem Reichsgründer Otto von Bismarck (1815-1898) über 40 Seiten gewidmet, sein „stärkster Gegenspieler" Bebel aber - ein „*Selfmademan*", der es lediglich bis zum Volksschulabschluß gebracht hatte – wird nur dreimal gestreift. Protestruf Hirschs: Dieses „traditionelle Missverhältnis" sei „endlich zu beseitigen"[171]. Die Gewichte zurechtzurücken, allen am historischen Geschehen Beteiligten gerecht zu werden, den Siegern und den Unterlegenen, hat Hirsch sich zum Grundanliegen gemacht.

Die historische Wahrheit bleibt dabei stets im Blick, auch wenn sie tagespolitisch nicht opportun sein mag. So verbiete sich, belehrt Hirsch, die vom gerade gestürzten SPD-Kanzler Helmut Schmidt riskierte Bemerkung, die Sozialdemokratie sei – seit den Tagen Lassalles und Bebels – die deutsche Friedenspartei gewesen.[172] Hirsch begründet seinen Einspruch mit „Bebels Entschlossenheit, ausländische, insbesondere russische Angriffe auf das Vaterland abzuwehren": Im Fall eines Konfliktes mit Russland, dem „Feind aller Kultur und aller Unterdrückten", so hatte Bebel beim Essener SPD-Parteitag 1907 verkündet, sei er „alter Knabe noch bereit, die Flinte auf den Buckel zu nehmen und in den Krieg zu ziehen."[173]

Dieses Bekenntnis lag in der von den Sozialdemokraten fortgeführten antizaristischen Tradition der demokratischen Bewegung in Deutschland seit dem Vormärz. Es resultierte nicht zuletzt auch aus der Einsicht in die gefährdete strategische Lage des 1871 gegründeten Deutschen Reiches zwischen Russland und Frankreich.

Wer mit Hirschs eigenem Leben vertraut ist, sieht manchmal zwischen den Zeilen Bezüge aufblitzen, die bis ins Persönliche reichen. Zur Vielfalt der Aktivitäten des SPD-Vorsitzenden Bebel lesen wir: „Meistens ging es Bebel hierbei um den ‚*underdog*', ob es nun misshandelte Soldaten waren oder das damals wirklich noch schwächere Geschlecht, Kinder und Jugendliche, die erst in neuerer Zeit aufgehört haben, die von allen übrigen Unterdrückten zu sein oder nationale und religiöse Minderheiten."[174] In ähnlicher Weise hat sich auch Helmut Hirsch zeitlebens für Unterprivilegierte, Benachteiligte und Minderheiten verwandt.

Zu diesen unterprivilegierten Gruppen gehörten lange auch die Frauen. Ein Markstein auf dem

Weg zu ihrer Befreiung aus überkommenen Fesseln und zur „Bekämpfung der Vorurteile, die der vollen Gleichberechtigung (...) entgegenstehen", war Bebels Buch „Die Frau und der Sozialismus". Die 1879 erschienene Schrift wurde ein Bestseller. Vierzig Jahre später, im Jahr 1909, lag sie bereits in fünfzehn verschiedenen Sprachen vor und erschien in 50. Auflage.[175]

Hirsch erinnert an das „Gespött und sogar ärgerliche Kritik", die Bebel damals wegen seines Eintretens für die Frauenemanzipation – „eine bloße Marotte der Mittelklasse", so die Kritiker – auch in den eigenen Reihen entgegengeschlagen sei. Der Biograph dagegen würdigt Bebels Worte für die Befreiung des weiblichen Geschlechts als „historisch."[176] Hirsch leugnet seine Sympathie für Bebels – damals vielfach als umstürzend empfundenen - „Zukunftsvisionen" nicht: „Die Frau der neuen Gesellschaft", hatte der SPD-Autor verkündet, „steht dem Manne als Freie, Gleiche gegenüber und ist Herrin ihrer Geschicke."[177]

Hirschs Applaus für Bebel geht bis ins Stilistische: Wie Bebel, der von Frauen gelegentlich als „Menschinnen"[178] schreibt, hat auch Hirsch eine auffallende Vorliebe für „entdiskriminierende", sprachlichen Sexismus ablehnende Begriffspaare wie „man - frau", „Deutscher – Deutschin", „Vater- und Mutterland" oder „Vorväter und –mütter."[179] Auch dies eine Verbeugung vor einer Politikerpersönlichkeit, die um 1896 erstmals im Deutschen Reichstag den Antrag auf Einführung des Frauenwahlrechts eingebracht hatte![180]

Rosa Luxemburg

Die dritte in der genannten Rowohlt-Reihe erschienene Biographie aus Hirschs Feder ist der Linkssozialistin und Mitbegründerin der aus dem Spartakusbund hervorgegangenen Kommunistischen Partei Deutschlands (KPD) gewidmet, Rosa Luxemburg (1871-1919). Es ist Hirschs erfolgreichstes Buch, übersetzt ins Holländische (1970), Spanische (1974), Katalanische (1992) und Koreanische (1997) und aufgelegt mit zuletzt (1998) 99.000 Exemplaren.[181] Bei dieser politischen Denkerin von Format fällt es dem Biographen offenbar nicht leicht, dem von Karl Marx übernommenen Arbeitsmotto *„Nil admirari* – Nichts bewundern" gerecht zu werden.

Ist es das Mitleid mit der „gleich zwei gesellschaftliche Höcker" – Frau und Jüdin – tragenden, vielfach diskriminierten, dann doch von den Gesinnungsgenossen anerkannten und am 15. Januar 1919 schließlich von roher Mörderhand im Berliner Landwehrkanal versenkten politischen Kämpferin?[182] Ist es der Respekt vor der hochbegabten, den staatswissenschaftlichen Doktorhut der Zürcher Universität tragenden, scharfsinnigen und schlagfertigen „Meisterin des Wortes und der Feder" (K. Kautsky), die niemanden gleichgültig ließ, schwärmerisch bewundert oder abgrundtief gehasst wurde?[183] Ist es die Trauer über die vermuteten positiven Folgen, die ein Weiterwirken der linken Politikerin nach Hirschs Ansicht hätte bewirken können, nämlich die Herausbildung eines „demokratischen Kommunismus" deutscher Prägung in Distanz zu Moskau, die aber durch das „tragischste Attentat der neueren deutschen Geschichte" verhindert wurde?[184]

Fest steht für die Kenner und Sympathisanten von Leben und Schriften der Rosa Luxemburg, daß diese schon die ersten Ansätze zur Beseitigung der innerparteilichen Demokratie erkannt und kritisiert habe, die später zum Stalinismus führen sollten. Kein Wunder, daß ihre Schriften dann jahrzehntelang von den Stalinisten in Moskau und Ost-Berlin zensiert oder ganz unterdrückt wurden. Der von der SED verfolgte DDR-Dissident Robert Havemann (1910-1982) hat zum 50. Todestag der Politikerin an diese Langzeitfolgen erinnert.[185] Hirsch zitiert sie in seiner Darstellung und sorgt – vor allem durch seine diesbezüglichen Buchbesprechungen in den Spalten der „Frankfurter Allgemeinen" – bis zum Untergang des Ostblocks und des SED-Staates dafür, daß diese „Bevormundung durch das Amt für sittliche Sicherheit (alias Institut für Marxismus-Leninismus bei ZK der SED)" nicht der Vergessenheit anheimfällt.[186]

Im Meinungsstreit um die von ihm 1973 durchgesetzte Rosa-Luxemburg-Gedenkmarke der Deutschen Bundespost dokumentiert Hirsch in der Hamburger „Zeit" das von Iring Fetscher konstatierte Andauern des Tauziehens um eine „adäquate Deutung" des Werkes der Politikerin. Hirsch erinnert dabei an den von Luxemburg in ihrem letzten erhaltenen Brief vom 11. Januar 1919 vollzogenen Strategiewechsel: Danach rückte sie von dem – nach ihren eigenen Worten – „etwas kindischen, unausgegorenen, gradlinigen Radikalismus" der Spartakisten ab und trat für die Beteiligung der KPD an den Wahlen zur Verfassunggebenden Nationalversammlung vom 19. Januar 1919 ein.[187]

Verklärte Märtyrerin oder rabiate Revolutionärin? So unterschiedlich Wesen und Wollen Rosa Luxemburgs bis auf den heutigen Tag eingeschätzt werden[188], so kontrovers war auch das Echo auf Hirschs Luxemburg-Porträt bei der Kritik. Weil er kein Heiligenbild malen wollte, sondern einen Menschen seiner Zeit mit Stärken und Schwächen, bleibe Hirschs Luxemburg „zwielichtig", konstatierte Max Metzger mit Genugtuung: Sie ist „revolutionäre Kämpferin und feinnervige Künstlerin zugleich", in ihren Reden messerscharf, in ihren Briefen und Tagebüchern oft von poetischer Zärtlichkeit.[189]

Dafür wurde Hirsch von der Kritik überwiegend gelobt. Zur „flammenden Revolutionärin, jenem Bürgerschreck des Ersten Weltkrieges", trete hier „eine Frau mit all ihren persönlichen Nöten, Sorgen und Freuden": Ein Bändchen, urteilte Franz Brunner, aus dem nicht nur revolutionäre Studenten Gewinn ziehen könnten.[190] Demgegenüber bemängelte Monica Blöcker die – unsres Erachtens den Historiker auszeichnende, da objektivierende – Distanz Hirschs zu seiner Hauptperson. Ihr Vorwurf des zu geringen Mitgefühls und des innerlichen Unverständnisses des Biographen für die Revolutionärin geht fehl.[191]

Die grausame Ermordung des „Adlers mit dem Taubenherz", wie Hirsch die zugleich hochfliegend-dynamische und zutiefst sensible Rosa Luxemburg apostrophiert, habe Deutschland der „kühnsten und menschlichsten Mittlerin zwischen Ost und West" beraubt.[192]

Schon allein aus diesem Urteil erhellt, was Hirsch bei einem Pressegespräch frank und frei einräumte: Von all den großen Sozialismus-Gestalten, mit denen er sich beschäftigt habe, liege ihm „die Rosa" am meisten am Herzen. Weil er sich mit ihrem Fall habe am meisten identifizieren können.[193]

Bettine von Arnim

Mit Bettine von Arnim (1785-1859), der Schwester des Dichters Clemens von Brentano („Des Knaben Wunderhorn", 1806-1808), porträtiert Helmut Hirsch rund zwei Jahrzehnte nach Rosa Luxemburg eine weitere außergewöhnliche Frau.[194] Auch ihr Leben gehörte über weite Strecken der Politik, auf die sie unmittelbar Einfluß nehmen wollte. Sei es ihr Briefroman über die Dichterin Günderrode (1840), den sie den Studenten des Vormärz widmete, sei es jene Kritik sozialer Verhältnisse im damaligen Preußen, die im Titel bereits („Dies Buch gehört dem König", 1843) den Adressaten ihrer Gedanken nennt: Preußens Friedrich Wilhelm IV. sollte von der im Ruf der Schwärmerei stehenden Schreiberin zu einem „Volkskönigtum" ermuntert werden.

Hirsch zeichnet, auch hier lebhaft und für ein breites Publikum verständlich, mit Sachkenntnis und Enthusiasmus – so Gerhard Schulz – das Leben einer liberalen Intellektuellen, die nach eigenem Bericht auf Goethes Schoß gesessen hat, mit Karl Marx spazieren gegangen ist, Beethoven verliebt gemacht und den kranken Komponisten Robert Schumann fürsorglich betreut hat. Bei aller Politik blieb Goethe die zentrale Figur in Bettines Leben. Ihm galt ihre fast religiöse Verehrung: „Goethe komm! Erlöß mich von allem Übel amen", schrieb sie in einem Brief vom 14. April 1832.

Die Schatten auf Bettines Bild, die ihrer widersprüchlichen Haltung Juden gegenüber zuzuschreiben sind, verschweigt Hirsch nicht.[195] Ein Zeichen seiner gewohnten intellektuellen Redlichkeit und wissenschaftlichen Fairness.

Sophie von Hatzfeldt

Nach diesem Ausflug in das eher literarische Milieu taucht Hirsch mit seiner letzten Frauenbiographie wieder in die gesellschaftspolitischen Auseinandersetzungen Mitte des 19. Jahrhunderts hinein. Diesmal wendet er sich der Gräfin Sophie von Hatzfeldt (1805-1881)[196] zu, der einzigen politisch aktiven und namhaften Frau in der deutschen Politik der 1860er Jahre. Hirsch sieht in ihr eine Vorkämpferin der Bewegung für Frauenrechte.[197]

Auch diesmal komponiert der Historiker ein von der Kritik als einfühlsam, abgewogen und offenherzig gelobtes Porträt. Es ist das auch von zahlreichen tragischen Momenten verdüsterte Bild einer hochintelligenten Frau, die sich aus den Fesseln ihrer Ehe, ihrer Familie und ihrer Klasse befreit. So avanciert sie zu einer der wenigen Repräsentantinnen der deutschen Frauenemanzipation im 19. Jahrhundert.

Als ihr Geliebter und Anwalt im Ehescheidungsprozeß vor dem Düsseldorfer Landgericht (1847-1851)[198] wird Ferdinand Lassalle (1825-

1864) selbst in der Rolle des „politischen Tribuns" zur nationalen Berühmtheit. Ohne die Gräfin Hatzfeldt wäre Lassalle wohl nicht zum führenden Revolutionär im Rheinland (1848) und zum Begründer des Allgemeinen Deutschen Arbeitervereins (1863) geworden, einer der Keimzellen der heutigen SPD.

Im Vorfeld der Revolution von 1848 war der Hatzfeldtsche Scheidungsprozeß zu einer „Cause célèbre", einem „Skandal par excellence" geworden, an dem die ganze deutsche Öffentlichkeit Anteil nahm. Hirschs biographische Studie lässt am Lebensweg der Gräfin Hatzfeldt „gleichsam *in nuce*" (Helmut Trotnow) den sozialen und politischen Mikrokosmos der damaligen deutschen Gesellschaft deutlich werden und damit auch die Ursachen für die Entstehung der Arbeiterbewegung in Deutschland.[199]

Dabei wird erkennbar, daß es sich nicht nur um die Abrechnung mit einem unangenehmen und tyrannischen Ehemann handelt. Im Kern geht es, wie Julius H. Schoeps dazu anmerkte, um den Versuch einer Frau, „sich von Abhängigkeit, Willkür und Verführungswahn der Männerwelt zu emanzipieren." Es war die Auseinandersetzung zweier miteinander unvereinbarer Welten, Feudalherrschaft und Bürgertum, die Hirschs Autoreninteresse packte: „Es ging nicht um Schuld und Unschuld, auch nicht um die Zeugenaussagen bestochener Kammerdiener und Kammerzofen, sondern um überholte Privilegien, um Unterdrückung und Ungerechtigkeit."[200]

Viele Zeitzeugen verstanden das und sympathisierten deshalb mit der Gräfin, deren Tatkraft selbst Karl Marx beeindruckte: „Die Frau hat für eine Deutsche viel Energie entwickelt in dem Duell mit ihrem Mann."[201] Am Ende ging der Prozeß für die Gräfin Hatzfeldt recht vorteilhaft aus, vornehmlich das Verdienst ihres Anwalts Lassalle. Über den lernte die Adelige ihrerseits die katastrophale Lage der unterprivilegierten Masse der Bevölkerung kennen. So wurde sie auch zu einer engagierten Vorkämpferin für die Emanzipation des vierten Standes. Das im Prozeß gewonnene Geld sponserte sie selbstlos dem Allgemeinen Deutschen Arbeiterverein. Dessen Gründung 1863 in Leipzig war ihr Triumph genauso wie der von Lassalle. Nach dessen Tod beim Duell müht sich Gräfin Hatzfeldt - nur zum Teil mit Erfolg – Lassalles geistiges Erbe in der jungen deutschen Sozialdemokratie zu verankern.[202]

Die „Prinzessin", die sich „mit Bürgern, Kleinbürgern und Proletariern" verbündete und der Karl Marx, sicherlich nicht ganz uneigennützig, in einem Brief an Engels vom 19. Juni 1861 „ungleich mehr politischen Verstand" als seinem Rivalen Lassalle bescheinigte, wurde auf dem „Schlachtfeld der Politik" keineswegs mit Glacéhandschuhen behandelt.[203] Das belegt Hirschs Studie vielfach. Selbst die Führer der Arbeiterbewegung sprachen gelegentlich recht abfällig von ihr, die „die qualmende Zigarre als Symbol weiblicher Emanzipiertheit" zwischen den Fingern hielt.[204] „Hatzfeldtscher Dreck" war noch eine milde Formulierung. Eine Frau also, die in der Politik Opfer der chauvinistischen Vorurteile ihrer männlichen Kritiker wurde.

Karl Marx

Wer wie der Verfasser in den bewegten achtundsechziger Jahren an der Universität des Saarlandes miterlebt hat, wie geistige Adepten des „Marxismus" einen Soziologieprofessor durch massive Störaktionen daran hinderten, fair und sachlich den Alltagshintergrund des Philosophen aus Trier zu schildern, sein Gebaren als Familienvater, Ehemann und Konsument,[205] wendet der Frage, wie Karl Marx (1818-1883) in den Untersuchungen von Helmut Hirsch präsentiert wird, verständlicherweise besondere Aufmerksamkeit zu.

In seinen zahlreichen Studien zur Geschichte der Arbeiterbewegung lässt uns Helmut Hirsch immer wieder mit Karl Marx zusammentreffen, besonders konzentriert aber in den Arbeiten über Friedrich Engels und in zwei Schriften, die den Namen des weltberühmten Gelehrten bereits im Titel tragen. Bei der ersten Publikation – „Amerikanische Aspekte in Leben und Werk von Karl Marx"[206] – handelt es sich um einen Vortrag mit Diskussion vor Bonner Studenten des Corps Palatina. Dies ist eine Studentenverbindung, die 1838 aus der „Trierer Tischgesellschaft" hervorgegangen ist, der Marx in seiner Bonner Studienzeit angehört hatte.

Im zweiten Werk – „Marx und Moses" – ist Hirsch bemüht, „ein wenig neues Licht" auf die „Quellen und Motive, Fakten und Formen, Stärken und Schwächen von Marx' Judentheorie" zu werfen.[207] Beide Publikationen enthalten – einer Nußschale gleich – die in den Augen Hirschs wesentlichen Züge von Marxens Wesen und Werk, lassen aber auch die für den Historiker alter Schule charakteristische Vorgehensweise erkennen.

Bei Helmut Hirsch begegnet der Leser vor allem dem Menschen Karl Marx, in all seinem Widerspruch, mit all seinen Stärken und Schwächen. Ein Pragmatiker, kein Ideologe und schon gar kein Doktrinär, versucht Hirsch, Marx zu verstehen, nicht aber, ihn zu idealisieren oder zu dämonisieren.[208]

Da wird der Philosoph, Denker und Analytiker vorgestellt, der die Entwicklung, das Werden, Vergehen und die kommenden Änderungen des Kapitalismus zu ergründen sucht, und das „in dickleibigen Büchern (...), die nur wenige Leute lesen konnten."[209]

Da ist vom „Drang zur Vergeistigung" des vielseitig Gebildeten die Rede, der „eine vom Kapitalismus befreite Menschheit anpeilt, in der Juden wie Christen aufgehen werden", dessen unbewusste Flucht aus allem bloß Geschäftlichen „in die reinere, die geldlose Sphäre des Geistes" (Stefan Zweig) ständige Geldnöte der Familie im Londoner Exil bedingten.[210]

Aus diesen permanenten Finanznöten half ihm Busenfreund und Ex-Textilunternehmer Friedrich Engels mit ständigen Zuwendungen heraus. Diese beliefen sich nach Hirsch im Laufe der Jahre auf „einige Millionen." Auch mit diesem Geld konnte Marx nicht sinnvoll umgehen, so daß seine Mutter – gebürtige Holländerin – sich bestätigt sah in ihrer von Hirsch zitierten bitteren Bemerkung:

„Hätte die Karel, so nannte sie holländisch Karl, doch Kapital gemacht statt über Kapital zu schreiben."[211]

Die privaten, nicht selten selbstverschuldeten Nöte Marxens werden bei Hirsch weder beschönigt noch verschwiegen: Nicht das tragische Leben und Sterben der Töchter Jenny, Laura und Eleanor (genannt „Tussy") – zwei starben durch Selbstmord[212] –, nicht der patriarchalisch auftretende Vater, der sich in theoretischen Schriften für die Frauenemanzipation verwandte, *privatim* aber bestimmte, wen seine Töchter heiraten durften oder wen nicht.[213] Auch die diktatorische Art wird nicht übergangen, mit der Marx während der 48er Revolution die „Neue Rheinische Zeitung" in Köln redigiert habe.[214]

Überhaupt sei der Denker, unterstreicht Hirsch, ein schwieriger Mensch gewesen, der mit ebenbürtigen Zeitgenossen nicht habe gut umgehen können, der sich im Laufe seines Lebens ständig verkracht und im Widerspruch zwischen Theorie und Praxis gelebt habe: Bei dem als Bürgerschreck gefürchteten Karl Marx habe es privat sehr bürgerlich zugehen müssen.[215] Sein „aus Wut und Verzweiflung geborener grimmiger Humor" habe ihn vielfach zu verächtlichen Bemerkungen über jüdische Personen verleitet.

Lieblingsadressat besonders gehäßiger Verbalpfeile war „Freundfeind"[216] Ferdinand Lassalle, der in Deutschland – neben und ohne Karl Marx – eine zunehmend mächtige Arbeiterbewegung geschaffen hatte. Deshalb erregte er nach der Interpretation von Fritz Raddatz Marxens Haß, Neid und Bewunderung zugleich.[217] Immer wieder belegt Marx seinen Rivalen mit abfälligen Urteilen, tituliert ihn als „Itzig", nennt ihn einen aussätzigen „Lazarus-Lassalle"[218], schimpft ihn einen „Messias der Arbeiter", einen „Knotenheiland"[219] oder gar einen „jüdischen Nigger".[220]

Hirsch qualifiziert derartige Injurien zwar als „bedenklich" und „beunruhigend", nicht aber als „antisemitisch", weil sie nicht auf die Vernichtung der Beschimpften abgezielt hätten[221]: Wie, fragt Hirsch, wäre es sonst zu erklären, daß Marx mit seinen „hervorragendsten rheinischen Zeitgenossen" „in seltener Einmütigkeit" dafür eingetreten sei, die Rechte der jüdischen Mitbürger zu erweitern, „die Gleichstellung der Juden in ihren bürgerlichen Rechten mit den christlichen Bewohnern der Monarchie" – wie es in der Kölner Petition vom Mai 1843 hieß – durchzusetzen?[222]

In dieser Bittschrift an den Rheinischen Provinziallandtag forderten liberale Rheinländer für nahezu 200.000 jüdische Bürger Preußens die politische und bürgerliche Gleichstellung. Hirsch spürte im Jahr 1977 die Urschrift der Petition im Archiv des Landschaftsverbandes Rheinland auf. Es sei die wichtigste Entdeckung seiner fünfzigjährigen Forschertätigkeit, erklärte er damals. Eine Kopie der Petition aus dem Schoß der rheinischen Bürgerrechtsbewegung des deutschen Vormärz schenkte Hirsch seinerzeit dem Landtag von Nordrhein-Westfalen.[223]

Die Fairness der Betrachtungsweise ist auffallend, wo immer sich Hirsch forschend oder argumentierend einmischt. Das gilt auch für seine Beurteilung des Philosophen aus Trier. Marxens „eigentliche geschichtliche Leistung" sei die Ausarbeitung des Historischen Materialismus gewesen.[224] Den im kommunistischen Machtbereich üblichen Terminus des „wissenschaftlichen" Sozialismus lässt Hirsch nicht gelten. Dieses „Wort-Vexierbild" habe schon der Engels-Jünger Eduard Bernstein (1850-1932) empört zurückgewiesen: „Kein Ismus ist eine Wissenschaft."[225]

Zur Ostblock-Ideologie unter Stabführung der Kommunistischen Partei der Sowjetunion (KPdSU) geht Hirsch auf deutliche Distanz. Dort sei „Marx zum Idol geworden."[226] Diese Auffassung vertritt mit Entschiedenheit auch der Sorbonne-Gelehrte und Übersetzer der französischen Ausgabe der Hauptwerke von Karl Marx, Maximilien Rubel (1905-1996): Im Ostblock habe man Marx zum Namengeber der „stereotypen Phraseologie der Berufsmarxisten" herabgewürdigt.[227] Hirsch teilt Rubels Ansicht, „daß der ‚totalitäre Marxismus' wie die ‚liberale Mythologie' Marxens eigener Kritik strikt zuwiderläuft."[228]

Indem der „als Marxkult verstandene Marxismus" zur Ideologie erstarrte, zu einer „Schule der Irrungen und Wirrungen für unser eisernes Zeitalter" entartete, kritische Geister mundtot machte und in großer Zahl gar physisch liquidierte, ignorierte er einen bemerkenswerten Zwischenruf von Marxens *alter ego* Friedrich Engels.[229] Der

„Marxologe" Rubel – Hirsch widmete ihm seine Engels-Biographie – bringt diesen Zwischenruf in der Festschrift zu Hirschs 70. Geburtstag dankenswerterweise wieder in Erinnerung: „Die Arbeiterbewegung", so lesen wir da in einem Engels-Brief an Gerson Trier vom 18. Dezember 1889, „die Arbeiterbewegung beruht auf der schärfsten Kritik der bestehenden Gesellschaft, Kritik ist ihr Lebenselement, wie kann sie selbst der Kritik sich entziehen, die Debatte verbieten wollen?"

Marx und die Juden

Die gehäuften verbalen Ausfälle von Karl Marx gegen – zumeist mit ihm rivalisierende oder seine Ideen skeptisch kommentierende – Weg- und Zeitgenossen mit jüdischem Hintergrund[230] haben einen schwerwiegenden Verdacht aufkommen lassen: War Karl Marx Antisemit, er, der väterlicher- und mütterlicherseits von Rabbinern abstammte? Kann er demnach als geistiger Wegbereiter jener judenfeindlichen Kampagnen betrachtet werden, die sich wie ein roter Faden durch die Geschichte der Sowjetunion und des kommunistischen Ostblocks ziehen?[231]

Hirsch geht der Streitfrage in seiner Studie „Marx und Moses" auf breiter Quellenbasis und in fairer Analyse auf den Grund. Seine Ablehnung des Antisemitismus-Vorwurfs fällt ebenso eindeutig wie differenziert aus, wobei Marxens Schimpfkanonaden – oft verunglimpfend, hämisch und beleidigend – keineswegs als harmlos abgetan werden. Hirsch beschönigt nichts, schreibt aber die schärfsten Invektiven dem überspitzten Stil des Polemikers Marx zu.

Wer hier übergroßes Verständnis gegenüber dem Angegriffenen argwöhnt, sollte andererseits den abschließenden Befund der Studie nicht überlesen. Dort werden „beunruhigende Ansätze" zu einer unverhüllten Feindschaft Marxens zu den Juden ausdrücklich als gegeben bezeichnet.[232]

Doch neben dem verbalen Grobian gab es auch den anderen Karl Marx. Der sprach anerkennend über die Juden und ihre Leistungen und setzte sich für ihre Gleichberechtigung mit den christlichen Mitbürgern ein. Im Aufzeigen dieser Ambivalenz sah die Kritik das Hauptverdienst der Studie Hirschs. Deren Quintessenz resümiert Lucienne Netter: Marx habe den Juden eher wohlwollend als offen feindlich gegenüber gestanden.[233] Für Heinz Pächter reichen die Auswirkungen der Erkenntnisse Hirschs bis in die unmittelbare Gegenwart: „Wenn die neue Linke einen Kronzeugen für ihren Antisemitismus braucht, so ist Marx dazu nicht geeignet."[234]

Für seine Fähigkeit, schwierige historische Tatbestände in einer für die breitere Öffentlichkeit verständlichen Form darzustellen, wurde Helmut Hirsch im Jahr 1975 mit dem Eduard-von-der-Heydt-Preis seiner Geburtsstadt Wuppertal ausgezeichnet.[235] Die hier gerühmte Facette des Publizisten leuchtet vor allem in seinen Vorträgen vor breiterem Publikum auf. Ein Kabinettstück dafür liefert das erhellende ganzseitige Interview Hirschs mit der „Westdeutschen Zeitung" anlässlich des 100. Todestages von Karl Marx.

Ganz im dialektischen Stil des Hegelschen Einerseits-Andererseits wird hier Wesen und Wirken des Trierer Philosophen und Nationalökonomen geschildert: Sein relativ geringer Bekanntheitsgrad zu Lebzeiten, seine Beziehungen zu Arbeitern, seine Meinungen über politische Weggefährten, sein Umgang mit Geld und seine theoretische und praktische Einstellung zur Gleichheit der Geschlechter. Bei allem menschlichen Verständnis für den Wissenschaftler, den Gelehrten und den „deutschen Professor ohne Professur" bleibt das Fazit des Marx-Kenners Hirsch ambivalent: „Man kann und soll ihn kritisieren, aber man kann ihm nicht absprechen, daß er Format hatte."[236]

Bemerkenswert bleibt, daß in Hirschs Studien nirgendwo eine Auseinandersetzung mit dem Bayreuther Politologen Konrad Löw stattfindet, dem besten deutschen Marxkenner und Marxkritiker demokratisch-konservativer Gesinnung. Seinen Namen sucht man vergeblich in Hirschs umfänglichen Anmerkungsapparaten.[237]

Experiment Weimar

Zu den bedeutenden Veröffentlichungen Hirschs jenseits der Thematik der deutschen Arbeiterbewegung gehört sein Werk zur Geschichte der Weimarer Republik.[238] Auch hier erfuhr er wegen seines erfolgreichen Bemühens, so unterschiedlichen Persönlichkeiten wie Friedrich Ebert, Gustav Noske oder Kölns Oberbürgermeister Konrad Adenauer Gerechtigkeit widerfahren zu lassen, öffentliches Kritikerlob. Ebenso seine scharfe Beobachtungsgabe und sein meisterlicher Stil.[239]

Mit erkennbarer Sympathie skizziert Hirsch Persönlichkeit und Aufstieg des Heidelberger Handwerkersohns und Sattlergesellen Friedrich Ebert (1871-1925). Der Sozialdemokrat und Autodidakt schaffte es aus einfachen Verhältnissen über die lokale Gewerkschafts- und Parteiarbeit in den Berliner Reichstag und gelangte zuletzt ins Amt des ersten Reichspräsidenten der Weimarer Republik.

Hirsch akzentuiert Eberts schon vor der Jahrhundertwende bekundeten Patriotismus: „Wir wollen nicht, was unsere Gegner uns andichten, die Wehrlosmachung des Vaterlandes, wir wollen die Hebung der Arbeiterklasse auf internationalem Wege" (1897). Er unterstreicht ferner Eberts von zwischenstaatlichem Verständigungsgeist beseelte Gegnerschaft gegen die den militärischen Sieg von 1870/71 über Frankreich verherrlichenden Sedansfeiern: „Wir halten es eines Kulturvolkes unwürdig, nach Jahren immer wieder den Jubel losbrechen zu lassen ... über den Sieg in einem Kampfe, der blutige Opfer gefordert" (1898).[240]

Am 9. November 1918 läßt Hirsch den SPD-Politiker Philipp Scheidemann (1865-1939) „zwischen zwei Löffeln Kartoffelsuppe" die Deutsche Republik ausrufen.[241] Ein Beispiel nur für den unprätentiösen, saloppen und gelegentlich auch ein wenig respektlosen Stil, mit dem Hirsch zuweilen aufwartet.

Die bei Hirsch gewohnten unkonventionellen Sichtweisen begegnen dem Leser auch hier. So der überraschende Kommentar in der Einleitung, verglichen mit anderen Völkern, die die Demokratie zu etablieren suchten, schnitten die Deutschen mit ihrem ersten Experiment „gar nicht so schlecht" ab. Oder die Mahnung an die bundesrepublikanischen Zeitgenossen, sich in ihrem täglichen Verhalten, in ihrem eigenen Lebensbereich, ihrer Rolle als demokratische Experimentatoren bewusst zu sein: „Wer über einem am Wahltag vom Fernsehen übertragenen Länderkampf das Wählen versäumt, ist schädlicher als ein Bankräuber."[242]

Onkel Sams Hütte

Wo der Historiker Hirsch das Wort ergreift, ist der politische Pädagoge nicht weit. Immer versucht er, Personen und Probleme aus ihrer Zeit heraus zu begreifen, aber auch Gegenwartsfragen mit in die Betrachtung einzubeziehen. Die 1994 herausgekommenen Erinnerungen Hirschs („Onkel Sams Hütte")[243] spielen in ihrem Titel auf Harriet Beecher Stowes Roman *„Uncle Tom's Cabin* - Onkel Toms Hütte" (1852) und ihren Kampf gegen die Sklaverei und für ein menschenwürdiges Leben der Neger an. Gleichzeitig nimmt der Memoirentitel auch Bezug auf die bundesdeutsche Debatte zur Einwanderungsthematik und auf verschiedene Vorfälle offenkundigen Fremdenhasses: Ein Appell gegen nationalistische und rassistische Vorurteile und zugleich – woran Barbara Suchy erinnert - eine Danksagung des Autors an die USA und viele ihrer Bürger, „die im entscheidenden Augenblick Asylsuchenden aus Deutschland Hilfe, Schutz und Aufnahme gewährten."[244]

Erschienen sind die Erinnerungen des Deutschamerikaners im Universitätsverlag zu Leipzig, jener

Stadt, deren damals sich noch Karl-Marx-Universität nennende Hochschule „mit der Verspätung eines Menschenalters" dem westdeutschen Historiker am 31. Januar 1989 den 1933 durch den Machtantritt der Nationalsozialisten entgangenen Doktortitel verlieh.[245]

Hirschs Memoiren bieten „im Rhythmus der Echternacher Springprozession"[246] Einblicke in den bewegten Lebensweg deutscher Emigranten auf der Flucht vor Hitlers Terror-Regime, darunter unvergessliche Momentaufnahmen aus der Emigrantenexistenz des Ehepaares Helmut und Eva Hirsch. Der Leser sieht die nackte Not der in den französischen Süden verschlagenen Flüchtlinge und wird Zeuge von Gleichgültigkeit und menschlicher Hilfsbereitschaft. Er zittert mit den Verfolgten der Rettung nach Amerika entgegen und erlebt hautnah mit, wie Neuankömmlinge in den Vereinigten Staaten damals Fuß zu fassen versuchten, welchen Hindernissen sie sich gegenüber sahen, wer ihnen Unterstützung gewährte und welche Gegenleistungen von ihnen erwartet wurden.

Die Memoiren des Asylanten Hirsch werfen Licht auf bisher stiefmütterlich behandelte Themen. Auch darauf, wie der Alltag eines Emigranten-Ehepaares aussah, vom morgendlichen Aufstehen über die Ernährungs- und Lebensgewohnheiten bis hin zu den Kontakten mit Einheimischen. Deren Meinungen über „die" Deutschen waren oftmals nicht zimperlich und muteten den Ohren der vor dem NS-Regime Geflohenen manche Stammtisch-Grausamkeit zu. Etwa Rose D., die Hauswirtin Hirschs in Chicago, selbst russische

Emigrantin, mit ihrem grausamen Kommentar zum Kriegsgeschehen in Europa: „*Every German must be killed* – Jeder Deutsche muß getötet werden."[247]

Auf Schritt und Tritt, und nicht nur in den südfranzösischen und amerikanischen Episoden, begleiten Hirschs Leser einen von denen, die – um mit Bert Brechts „Lesendem Arbeiter" zu sprechen – die Spesen zahlten. Zwar bleibt das Verhältnis Hirschs zu Amerika und zur US-Gesellschaft ambivalent. Nichtsdestoweniger trifft Lew Kopelews Geleitwort zu den Hirsch-Memoiren den Nagel auf den Kopf: „Vertrieben aus der Heimat durch eine totalitäre Macht, die ihn zum Fremden stempelte, fand er Asyl in einer Fremde, die ihm zur zweiten Heimat wurde."[248]

5. Kapitel: Erfahrungen

Ich bin nicht an Entschuldigungen interessiert,
schon gar nicht von Leuten, die damals noch
nicht geboren waren (...) Daß ihr wissen wollt,
wie es war, ist alles, was ich verlange.
Und daß ihr nicht genau so blind
in die Sache hineinrutscht
wie die Jugend zu meiner Zeit.

Leo Glückselig, geb. 1914 in Wien,
Emigration Ende 1938 nach New York,
wo er seither lebt.[249]

Neben seinen mit Vorliebe biographischen Studien aus dem Milieu der deutschen Arbeiterbewegung, neben den lesenswerten Essays über außergewöhnliche, „starke" Frauenpersönlichkeiten des 19. und 20. Jahrhunderts und neben etlichen anderen zeitgeschichtlichen Büchern hat Helmut Hirsch auch eine reiche publizistische Aktivität entfaltet. Seine Zeitungsaufsätze, Buchrezensionen und Glossen sind Legion. Nicht zu vergessen dabei der unermüdliche Leserbriefschreiber in regionalen und überregionalen Blättern, dem immer wieder korrigierende Anmerkungen, kuriose Ergänzungen und zum Schmunzeln reizende Aperçus einfallen – alles geschöpft aus einem beneidenswert breiten Wissens- und Bildungsfundus.

Als Veröffentlichungsbühnen bevorzugt Hirsch – wohl nicht nur des höheren Honorars wegen – angesehene bundesdeutsche Organe: Die liberal-konservative „Frankfurter Allgemeine", deren

Rezensionsspalten er oftmals bereicherte; das publizistische Flagschiff des deutschen Liberalismus der 1970er und 1980er Jahre, die Hamburger Wochenschrift „Die Zeit", oder – eine Selbstverständlichkeit für den „liberalen Sozialisten" (Johannes Rau)[250] und Geschichtsschreiber der Arbeiterbewegung – den sozialdemokratischen „Vorwärts": Dessen Leserschaft bekam neben Buchbesprechungen und Features (etwa über Margarethe von Trottas Rosa-Luxemburg-Film, bei dem Hirsch als westdeutscher Berater gefragt war) zeitweilig regelmäßige Glossen aus Hirschs Feder offeriert.[251]

Wiedergutmachungsfarce

Im Jahr 1941 ließ sich Helmut Hirsch, sozialistischer Sohn eines sozialistischen und atheistischen Vaters, in New York evangelisch taufen.[252] Das hinderte ihn nicht daran, auch öfter im betont katholischen „Rheinischen Merkur" (RM) zu publizieren. Diese Wochenzeitung stand und steht politisch eher rechts, war in den 1950er Jahren unter der redaktionellen Leitung von Otto B. Roegele ein Sprachrohr des konservativen Lagers, adenauertreu in den oft skandalmachenden Kommentaren ihres streitbaren Bonner Korrespondenten Paul-Wilhelm Wenger (1912-1983).[253]

All das hielt den freiheitsliebenden Rheinländer und Sozialisten Helmut Hirsch – die von Marx so hochgelobte Dialektik praktizierend – nicht davon ab, sich in ebendiesem von Joseph Görres (1776-1884) im antinapoleonischen Kampf gegründeten Organ zu Wort zu melden, dessen innenpolitisch verantwortlichen Redakteur Dr. Anton Böhm zum zweiten Paten seines Sohnes Mark Alexander zu erküren[254] und sein „Hauptwerk" („Eduard Bernsteins Briefwechsel mit Friedrich Engels", Assen 1970) dem langjährigen RM-Chefredakteur und (seit 1963) Lehrstuhlinhaber für Zeitungswissenschaft in München, Professor Dr. phil. Dr. med. Otto B. Roegele, zu widmen.[255]

Hintergrund der lebenslangen Verbundenheit des linksliberalen Forschers mit dem liberal-konservativen Publizisten: Der Entschädigungsbescheid des Düsseldorfer Regierungspräsidenten vom 17. Januar 1957 im Fall Hirsch. Laut diesem wurden dem über Frankreich in die USA geflohenen Naziverfolgten Helmut Hirsch für „Schaden an Vermögen durch Zahlung von Auswanderungskosten" insgesamt 29,28 DM (in Worten: neunundzwanzig Mark und achtundzwanzig Pfennig) erstattet. Bei dem Beitrag handelte es sich um die Kosten einer Bahnkarte 2. Klasse von Wuppertal nach Paris im Jahre 1933![256]

Die Entschädigungsbehörde hatte ihre absurde Entscheidung damit begründet, daß Ziel der Auswanderung Hirschs Paris gewesen sei. Er habe sich von 1933 bis 1941 in Frankreich aufgehalten und somit sieben Jahre Zeit gehabt zur „Weiterwanderung" in die USA. Die Kosten für die Weiterflucht in die USA könnten deshalb nicht erstattet werden.

In einem aufrüttelnden Leitartikel des „Rheinischen Merkur" („Der Fall Hirsch") vom 17. Juli 1959 griff Chefredakteur Roegele den skandalösen behördlichen Bescheid auf, prangerte die zynische und unsensible Wortwahl („Weiterwanderung") an – als ob die deutschen Juden bei Hitlers Einmarsch in Frankreich eine „private Lustreise" nach Übersee angetreten hätten – und verlangte vom zuständigen Innenminister Dufhues Abhilfe: Es müsse sichergestellt werden, „daß sich der Geist der Wiedergutmachungspraxis an dieser Stelle **entschieden** und **sofort** (Hervorhebung im Original) ändert."[257]

Die Intervention Roegeles blieb nicht ganz folgenlos. Zwar erlangte Hirsch auf dem Klageweg weder eine Entschädigung für die Weiterflucht in die Vereinigten Staaten noch einen Härteausgleich für Aus- und Rückwanderungskosten noch eine Vergütung für monatelange Internierung im Frankreich Pétains. Doch wurden ihm nach Eingreifen des Innenministeriums „wegen verfolgungsbedingter Nichtaufnahme einer Erwerbstätigkeit" (von April 1933 bis Mitte 1945) eine Entschädigung von rund 15.000 DM und „wegen Schadens durch Imstichlassen von Gegenständen bei der Flucht" im Vergleichsweg 600 DM zugesprochen.[258]

Heinrich Heine

Abgesehen von den engsten Familienangehörigen, von den Eltern, den drei Ehefrauen und den beiden Kindern, abgesehen auch von den großen Gestalten, denen sich der Forscher und Schriftsteller auf vielfältige Weise anzunähern suchte, gibt es in der geistigen und persönlichen Biographie Hirschs eine Reihe von Persönlichkeiten, deren Wesen und Wirken mit seiner Existenz eng oder gar engstens verknüpft ist.

Für Heinrich Heine (1797-1856), den „geborenen Provokateur" und „ewigen Ruhestörer" (M. Reich-Ranicki), empfindet Hirsch nach eigenem Bekunden uneingeschränkte Sympathie. Den Schöpfer der „Loreley" und des „Wintermärchens", dessen Wiege in Düsseldorf stand, wo auch der Remigrant Hirsch seine Zelte aufschlug, nennt er den „einzigen von mir ohne Vorbehalt bewunderten Schriftsteller und politischen Dichter." Dem Düsseldorfer Heinrich-Heine-Institut hat Hirsch seine über 3000 Bände umfassende Arbeitsbibliothek geschenkt.[259]

Die Seelenverwandtschaft der beiden politisch engagierten Rheinländer mit den gleichen Initialen ist nicht zu übersehen. Beide verwerfen schwülstigen Stil, entlarven gesellschaftliche Mißstände, fechten für menschlichen Sozialismus und Meinungsfreiheit. Parallelen sind auch erkennbar in beider Kampf gegen nationale, rassische, religiöse oder sonstige Vorurteile.

Die Neue Welt als mögliche Zufluchtsstätte hatte übrigens auch Heinrich Heine beschäftigt:

„Manchmal kommt mir in den Sinn,
Nach Amerika zu segeln,
Nach dem großen Freiheitsstall,
Der bewohnt von Gleichheitsflegeln –

Doch es ängstigt mich ein Land,
Wo die Menschen Tabak käuen,
Wo sie ohne König kegeln,
Wo sie ohne Spucknapf speien."[260]

Doch Heine verzichtete darauf, die Stereotypen an der Wirklichkeit zu überprüfen. Er ging nach

Paris. Für Helmut Hirsch jedoch verwandelte sich der von Heine ironisierte „Gleichheitsstall" zur heiß begehrten Rettungsinsel. Hirschs unermüdliches Anrennen gegen Denkschablonen und geistige Barrieren jeglicher Art und Provenienz, von dem hier schon des öfteren die Rede war, ließ auch ihn zum „braven Soldaten im Befreiungskriege der Menschheit" werden, als den sich Heine einst sah.[261]

Siegfried Thalheimer

Ein Weg- und Leidensgefährte, dem sich Hirsch zeitlebens verbunden fühlte, war Siegfried Thalheimer (1899-1981), für ihn „einer der begabtesten Publizisten und Historiker der deutschen Emigration und Remigration."[262] Der 1926 promovierte Sohn des Verlegers und Zeitungsgründers Isaak (Julius) Thalheimer (1869-1931) war letzter Herausgeber der 1906 gegründeten „Düsseldorfer Lokal-Zeitung". In den zwanziger Jahren gehörte dieses Wochenblatt – von den Zeitungsverkäufern als „Der Thalheimer" ausgerufen – zu den bestinformierten Zeitungen in Düsseldorf. Die Nationalsozialisten erzwangen nach der Machterlangung 1933 ihren Verkauf.

Siegfried Thalheimer war ein deutscher Patriot, 1914 nur durch das väterliche Veto daran gehindert, sich als Kriegsfreiwilliger zu melden, weshalb er erst 18-jährig mit seinem Jahrgang anno 1917 eingezogen wurde. Kein Hinderungsgrund freilich für die Nationalsozialisten, den jüdischen Republikaner mit antisemitischen Schmähartikeln zu überziehen und ihn um seine Zeitung und seine Heimat zu bringen.[263]

Die Wege Hirschs und Thalheimers kreuzten sich im Vorfeld der auf den 13. Januar 1935 terminierten Volksabstimmung im damals noch vom Völkerbund regierten Saargebiet. Dort gründete und leitete Thalheimer von November 1933 bis zum 1. Dezember 1934 die hitlergegnerische Wochenzeitung „Westland". Hirsch wurde deren Pariser Vertriebsleiter und gelegentlicher Korrespondent. Später fungierte Hirsch als Redakteur der 1938 von Thalheimer ins Leben gerufenen und maßgeblich gestalteten Pariser Halbmonatsschrift „Ordo".[264]

Gemeinsam werden Thalheimer und Hirsch nach dem deutschen Einmarsch 1940 in der Fußball- und Rugbyarena des legendären Pariser *Stade de Colombes* interniert. Sie schlafen nebeneinander „auf etwas Stroh unter Bänken im Freien". Sie müssen mit mehreren tausend weiterer Internierter mit einer einzigen Wasserleitung auskommen und haben als „Toiletten" dienende hohe Mülltonnen wegzuschleppen. Kaffee, Brot und Büchsenwurst dienen als karge Verpflegung, Lebensmittelpakete der Ehefrauen werden ihnen vorenthalten, das Rasierzeug abgenommen.[265]

Solche gemeinsamen Erlebnisse verbinden. Die Thalheimers gewähren dem am 21. Juni 1941 im Hafen von New York gelandeten Ehepaar Hirsch ersten Unterschlupf. Siegfried Thalheimer ist nach seiner Ankunft in der Weltstadt im März 1941 eine Zeitlang Goldschmied, dann von 1943 bis 1949 Kunsthändler. Er konvertiert zum Katholizismus und kehrt im Sommer 1949 wieder nach Deutschland zurück. Dort wird er – zwei Jahre vor seiner

Wiedereinbürgerung (1960) – sein über 800 Seiten starkes *magnum opus* veröffentlichen: „Macht und Gerechtigkeit. Ein Beitrag zur Geschichte des Falles Dreyfus" (München 1958).[266]

Es ist ein Lehrbeispiel über die zerstörerische Kraft des Antisemitismus und zugleich das gelehrte Alterswerk jenes Publizisten, der nach Ansicht Hirschs wie „vielleicht kein zweiter so früh und so scharf" die auf eine „Endlösung" zusteuernde NS-Politik durchschaut hat. Diese seltene Klarsicht belegt Hirsch mit einer am Vortag des Heiligen Abends 1933 in der Saarbrücker Widerstandszeitung „Westland" erschienenen Philippika Thalheimers gegen den antijüdischen Hassfeldzug des Hitler-Regimes.

Der von seiner Geburtsstadt Düsseldorf enttäuschte Ex-Verleger lässt sich nach seiner Rückwanderung zunächst in München als Privatgelehrter nieder, dann in Seeon im Chiemgau. Hirsch widmet dem sich intellektuell vereinsamt fühlenden Weggefährten seine 1963 erschienene Lassalle-Anthologie. Sieben Jahre nach Thalheimers Wegscheiden (1981) erreicht Hirsch posthum die Annullierung der (per Ministerialerlaß vom 2.3.1937 verfügten) Entziehung des Doktortitels Thalheimers durch den Dekan der Philosophischen Fakultät der Universität Bonn.[267]

Verschiedene Veröffentlichungen Hirschs haben Leben und Wirken Thalheimers vor dem Vergessen gerettet. Das politische Credo des Düsseldorfer Publizisten kann deshalb auch den Nachgeborenen Denkanstöße vermitteln: „Ich möchte nur einen einzigen Grundsatz als gültig ansehen – die Freiheit, wie sie unsere großen Philosophen verstanden. Hegel sagte: 'Sei ein Mensch und achte die anderen als Menschen!' Diese Freiheit hat einen unendlich höheren Wert als Freiheiten."[268]

Hubertus Prinz zu Löwenstein

In einem Gedenkbeitrag zu Thalheimers 80. Geburtstag setzte Hirsch auch einer anderen für ihn existentiell bedeutsamen Persönlichkeit ein Denkmal, dem Prinzen Hubertus zu Löwenstein (1906-1984): Ihm nämlich hatten Thalheimer und er selbst ihr Leben zu verdanken, weil sie nach dem Fall Frankreichs 1940 dank Löwensteins und seines Sekretärs Volkmar von Zühlsdorffs Bemühen Notvisen des US-Präsidenten Franklin D. Roosevelt erhielten. Diese sicherten ihnen das Einreiserecht in die Vereinigten Staaten und retteten sie vor dem Zugriff ihrer nationalsozialistischen Verfolger.[269]

Als Sproß einer hochadeligen Familie auf Schloß Schönworth bei Kufstein in Tirol geboren, sagte der erste 23-jährige Jungjournalist Löwenstein in seinem ersten Leitartikel für die renommierte „Vossische Zeitung" (Berlin) im Juli 1930 den Weltkrieg voraus, falls Hitler zur Macht gelange. Auf der Flucht vor den Nationalsozialisten engagiert auch er sich mit einer neu gegründeten, Ende 1934 vom Völkerbundkommissar Knox verbotenen Wochenzeitung („Das Reich") im Abstimmungskampf des noch freien Saargebietes, setzt dann seine Flucht fort und landet schließlich in den USA.[270]

Dort unterzeichnet Löwenstein am 4. April 1935 mit fünf amerikanischen Staatsbürgern die Eintragungsurkunde der *„American Guild for German Cultural Freedom"*.[271] Dank deren – und das heißt auch Löwensteins – rastlosen Einsatzes bei staatlichen Behörden und privaten Hilfsorganisationen können in der Folgezeit zahllose hitlergegnerische Intellektuelle mit lebensrettenden Einreisevisen für die USA ausgestattet und im Exil finanziell gefördert werden.[272] Zu den derart Geretteten gehörte auch, wie oben berichtet, das Ehepaar Hirsch.

Ähnlich wie Hirsch war Prinz Löwenstein – nach den Worten des Schriftstellers und Mitexilanten Hans Sahl (1902-1993) – „ein Grenzgänger zwischen den Ideen, den Klassen, den Religionen, zwischen dem Erhabenen und dem Profanen."[273] Eine seiner skurrilen Ideen, deretwegen der Prinz gelegentlich belächelt wurde, bezog sich auf das Saargebiet.

Vierzehn Tage nach dem für die Status-Quo-Parole fehlgeschlagenen Saar-Plebiszit vom 13. Januar 1935 überraschte der Prinz am 3. Februar 1935 im „Sonntagsblatt der New Yorker Staats-Zeitung und Herold" seine Leser mit einer bis dahin unbekannt gebliebenen, jetzt obsolet gewordenen Initiative: Er habe dem Völkerbund eine Verfassung für die Saar vorgelegt. „Es sollte ein deutscher Staat unter rein deutscher Regierung (...) werden, in dem die Regierungsbeamten nur als Treuhänder fungiert hätten, bis in Deutschland eine neue Regierung ans Ruder gekommen wäre." Dann das pointierte Resümee: „Die Saar sollte daher nicht zu Deutschland, sondern Deutschland zur Saar zurückkehren." Was Piemont einst für Italien gewesen, sollte das Saargebiet für Deutschland werden, ein „Musterstaat".[274]

So skurril manche seiner Vorschläge auch anmuten mögen: Prinz Löwenstein war und blieb auch nach 1945 ein kompromissloser Verfechter der demokratischen Grund- und Freiheitsrechte und des Selbstbestimmungsrechtes der Völker. Das brachte ihn auf ganz natürlichem Wege in Gegensatz zur Regierung des nach dem Zweiten Weltkrieg abgetrennten, sich autonom nennenden „Saarstaates" unter Ministerpräsident Johannes Hoffmann. Das bedenklichste Kennzeichen seines Regierungsstiles war die Unterdrückung prodeutsch orientierter demokratischer Saarparteien. Also stimmte Prinz Löwenstein in den Slogan des „Deutschen Saarbundes" mit ein, wonach das Saarland Teil des demokratischen Deutschland werden müsse: „Die Saar bleibt deutsch – fort mit den Separatisten." Dafür revanchierten sich Hoffmann und die seinen Kurs stützende Saar-Presse, indem sie Prinz Löwenstein „wilden Chauvinismus" und nachfeudalistische Herrschaftsgelüste unterstellten.[275]

Als Publizist und Wissenschaftler hat sich auch Helmut Hirsch, wenngleich weniger spektakulär, so doch nicht minder konsequent, für die Wiederherstellung der Freiheitsrechte der Saarländer engagiert. In Anerkennung ihres konsequenten Eintretens für das demokratische Selbstbestimmungsrecht der Saarbevölkerung im Umfeld der beiden Saar-Abstimmungen von 1935 und 1945 wurden Dr. Hubertus Prinz zu Löwenstein und Professor Dr. Helmut Hirsch am 23. Oktober 1980 aus der Hand von Ministerpräsident Werner Zeyer (1929 – 2000) mit dem Saarländischen Verdienstorden ausgezeichnet.[276] In einem Memento zu Ehren seines am 28. November 1984 verstorbenen Lebensretters gedachte Helmut Hirsch auch des „Kampfgefährten für eine vernünftige Saarpolitik Mitte der 30er und Mitte der 50er Jahre."[277]

Thomas Mann

Gegen Ende des letzten Weltkrieges bringt Theodor W. Adorno im amerikanischen Exil die Situation der vertriebenen Geisteselite auf den Punkt. Seine Bilanz ist trostlos: Jeder Intellektuelle im Exil, so schreibt er im Aphorismus 13 der „Minima Moralia", „ohne Ausnahme", sei beschädigt und tue gut daran, es selber zu erkennen. Von Hause aus schon *Outsider*, so Adorno weiter, werde der in die Emigration geratene Intellektuelle es nun im doppelten Sinne, mit allen sozialen und psychischen Folgen.[278]

Mit dem Verlust der Nestwärme und der menschlichen Isolierung in der neuen Umgebung haben sich viele Emigranten jedoch nicht tatenlos abgefunden. „Herausgerissen aus Urvertrauen, Rechtsordnung und dem unbeschwerten Umgang mit ihnen nahen Menschen", hätten die deutschen Intellektuellen im Exil versucht, in dem letzten ihnen verbliebenen Element, in Sprache und Kultur, Heimat zu finden und zu bewahren."[279] Diese Diagnose von Wolfgang Frühwald finden wir auch im Falle Helmut Hirschs bestätigt.

Bei seinen Versuchen, in Amerika Tritt zu fassen und von hier aus der alten Heimat zu signalisieren, daß man trotz all des Erlebten den von Krieg und Kriegsfolgen gebeutelten Deutschen eine helfende Hand reichen wolle, spielte der Dichter Thomas Mann (1875 -1955) als Wunschkatalysator eine zentrale Rolle. Der Sohn einer wohlhabenden Lübecker Patrizierfamilie war nach Beginn der Reichskanzlerschaft Hitlers über die Schweiz und Frankreich in die USA emigriert. Dort wirkte er als Gastprofessor, fungierte als Präsident der Literarischen Klasse der 1936 gegründeten Deutschen Akademie der Künste und Wissenschaften im Exil[280] und bekämpfte in Rundfunkansprachen, die über Radio BBC (London) ausgestrahlt wurden, den Nationalsozialismus. Der 1911 mit dem Literatur-Nobelpreis geehrte Schriftsteller genoß in den USA, so erinnert sich Hirsch, das Prestige des „ungekrönten Königs der Anti-Hitler-Emigration."[281]

Keine schlechte Adresse, mag sich der 1941 in den USA angekommene, noch unfertige Student Hirsch gedacht haben, als er sich am 29. Juli 1941 an den renommierten Mittelsmann wandte. Er hoffte, von diesem ein Empfehlungsschreiben zum beantragten Stipendium des Internationalen Studentendienstes zu erhalten. Doch der inzwischen im kalifornischen Pacific Palisades, einem Vorort von Los Angeles, residierende Prominente hielt sich bedeckt: Da er den Bittsteller persönlich nicht kenne, könne er eine so weitgehende Erklärung wie die vom *Student Service* geforderte nicht verantworten. Sein Antwortschreiben vom 6. August 1941 schloß Mann mit diesem „Mutmacher": „Hoffentlich werden Sie die notwendigen Empfehlungen von anderer Seite erhalten."[282]

Auch eine etwas frühere Bitte Hirschs – diesmal ging es um die Vermittlung eines Verlegers für ein von ihm geschriebenes Gedichtbändchen – hatte Thomas Mann nicht im erwarteten Sinn beschieden: Der Dichter beglückwünschte Hirsch zu seinem Entkommen aus Europa, lobte die „gute Laune" seiner Verse, verwies ihn aber letztlich auf Deutschlands Befreiung, „die vielleicht schneller kommen wird als wir denken." Tröstlich das Schlusswort auch hier: „Freundlicher als das unselige Europa wird dieses Land sich auch Ihnen wohl doch erweisen."[283]

Als dann der inzwischen zum Professor am *Roosevelt College* in Chicago avancierte Hirsch mit zwei weiteren Kollegen in einer Petition vom 19. Dezember 1945 an US-Präsident Truman auf die Erhöhung der Lebensmittelrationen in Deutschland drängte, um den drohenden Hungertod vieler Deutscher abzuwenden, ging er erneut Thomas Mann – den „bei weitem einflussreichsten Mitflüchtling" – um Schützenhilfe an. Und wie reagierte der mit Schreiben vom 12. Januar 1946 auf den Hilfsappell zugunsten der hungernden Deutschen? – Mit einer Absage und der Befürchtung, daß Deutschlands „Elend, besonders die Hungersnot, stark übertrieben werde." Für den Abdruck dieses Briefes, der übrigens auch in der Fischer-Ausgabe fehlt, versagten die Schriftsteller-Witwe Katja Mann und deren Kinder Hirsch die Genehmigung.[284]

Schon zwei Jahre vorher, im August 1943, hatte Thomas Mann in Exilkreisen in Amerika aufhorchen lassen mit seiner Bemerkung, er könne es nicht falsch finden, wenn „die Alliierten Deutschland zehn oder zwanzig Jahre lang züchtigen."[285]

Im Sommer und Herbst 1945 kam es dann in Westdeutschland zu einer Kontroverse um Thomas Mann, in der sich der Unmut über öffentliche Äußerungen des Schriftstellers nach Kriegsende Luft machte. Mann hatte den Eindruck gewonnen, daß die Mehrheit seiner Landsleute den von ihm für erforderlich gehaltenen Wahrheits- und Umkehrwillen nicht teilte. Darum lehnte er in einem offenen Brief vom Oktober 1945 eine Rückkehr in die Bundesrepublik ab.[286] Der Nobelpreisträger starb am 12. August 1955 an seinem letzten Wohnsitz in Kilchberg bei Zürich.

Willy Brandt und Johannes Rau

Helmut Hirsch versteht sich als freiheitlichen Sozialisten, dem jeglicher Doktrinarismus fremd ist und dem das vom „institutionellen Marxismus" (M. Rubel) beanspruchte Etikett des „wissenschaftlichen Sozialismus" unangemessen erscheint. Er teilt dagegen Bernsteins Überzeugung, wonach „kein Ismus" eine Wissenschaft sei. Aus seiner Ablehnung des orthodoxen Ostblock-Sozialismus machte Hirsch zu keinem Zeitpunkt einen Hehl.[287] Hirschs Sozialismus-Verständnis, jenseits des „marxistischen" Dogmas vom Klassenkampf angesiedelt, resultiert aus einer idealistischen Denkhaltung und ist eher ethisch als ökonomisch und schon gar nicht wissenschaftlich begründet. [288]

Dem durch politische Verfolgung der Heimat Beraubten und ins Exil Getriebenen bedeutete es viel, nach der Rückwanderung in der Bundesrepublik als Wissenschaftler, Publizist und Staatsbürger (mit amerikanischem Paß) anerkannt zu werden und die Wärme und Geborgenheit geistiger Solidarität zu erfahren. Dieses Gefühl vermittelten ihm in der sozialdemokratischen Gemeinschaft insbesondere Prominente wie der spätere Bundespräsident Johannes Rau und der lange Zeit angesehenste deutsche Sozialdemokrat, Willy Brandt (1913 -1992), Bundeskanzler von 1969 bis 1974.

Rau stammt wie Hirsch aus Wuppertal-Barmen, wo er 1931 geboren wurde. Er unterstützte Hirschs Bemühungen, im akademischen Lehrbetrieb Tritt zu fassen, erst in seiner Funktion als Wissenschafts- und Forschungsminister (1970-1978), dann als Ministerpräsident von Nordrhein-Westfalen (1978-1998).[289] Der prominente Sozialdemokrat schätzt, wie er es in einem Grußwort zum 80. Geburtstag des Freundes ausdrückt, den „regen und feurigen Geist" Hirschs. Zugleich feiert er in Hirsch den „liberalen Sozialisten" und unermüdlichen Entdecker und Porträtisten bekannter und weniger bekannter Gestalten der Alten und Neuen Welt. Dabei wünscht er sich mit einem Seufzer mehr Anreger vom Format Hirschs im deutschen Geistesleben: „Ach, hätten die gebildeten und kulturliebenden jüdischen Großväter und Urgroßväter, denen wir so Furchtbares antaten, doch Enkel bei uns!"[290]

Zu einer von Hirsch besorgten Text-Auslese aus den Engels-Werken steuerte Rau ein Geleitwort bei. Hirsch seinerseits widmete dem Spitzenpolitiker eine schulbuchkritische Analyse.[291]

Bei Willy Brandt, dem als „Architekten der Neuen Ostpolitik" gerühmten ersten sozialdemokratischen Bundeskanzler, rührt Hirschs Sympathie auch vom gemeinsam erlebten Emigrantenschicksal her.[292] Hitler-Gegner wie Hirsch, gereichte auch dem sechs Jahre jüngeren Brandt die Emigration (erst nach Norwegen, dann nach Schweden) in der frühen Nachkriegszeit eher zum Nachteil, als mit emigrantenfeindlichen Parolen noch Wählerstimmen zu gewinnen waren.

Die DDR Honeckers „bedankte" sich bei Bundeskanzler Willy Brandt für dessen um Verständigung bemühte Ostpolitik mit unfeinen Methoden: Sie setzte ihm „eine zweibeinige Wanze" ins Haus. Darüber ist der Memoirenschreiber Hirsch noch Jahrzehnte später empört.[293] Daß Brandt eine Bebel-Dokumentation Hirschs mit einem Vorwort einleitete, ehrte sowohl den großen Amtsvorgänger als auch dessen Biographen.[294]

Unprofessoraler Professor

Bei aller wissenschaftlichen Gründlichkeit und oft geradezu pingeligen Detailbesessenheit, Erbe der klassischen deutschen Gelehrtentradition, hat das jahrzehntelange Lehren in den USA den Habitus Hirschs nachhaltig geprägt. Der in einer Klassengesellschaft aufgewachsene Wuppertaler wandelte sich zu einem Deutsch-Amerikaner, dem Standesdünkel und Allüren fremd sind. Ein „unprofessoraler Professor", das ist bei einem in Deutschland geborenen Akademiker seiner Generation schon ungewöhnlich. Das baute Schwellenangst ab und erleichterte die Kontaktpflege zur jungen Generation.

Wo sich Geringere arrogant und überheblich verweigerten, war Hirsch ohne Prätentionen bereit, jungen Nachwuchswissenschaftlern mit Rat und Tat zur Seite zu stehen, Perspektiven zu eröffnen und Mut zuzusprechen. Kein geringes Verdienst im akademischen Klima der bundesdeutschen Nachkriegszeit, wo Standesdünkel und Distanziertheit zwischen Lehrenden und Studierenden eher die Regel als die Ausnahme waren.

Ein Beispiel gefällig? Schauplatz der Handlung: Die Aula des Gymnasiums am Krebsberg in Neunkirchen/Saar, Lesung des P.E.N. - Mitgliedes und Ex-Emigranten Helmut Hirsch. Seine Zuhörer: Schüler der Unter- und Oberprima. Die staunen nicht schlecht über den alten Herrn, der gesteht, mit 79 Jahren das Bodybuilding begonnen zu haben[295], und der dann ganz locker und unprofessoral über Hoffnungen und Enttäuschungen, Glück und Unglück eines deutschen Amerika-Flüchtlings plaudert.

Sehr schnell wird den Zuhörern bewusst, daß das Exil kein Honigschlecken war, daß die Klischee-Karriere vom Tellerwäscher zum Millionär nur eine Mär und der Überlebenskampf nicht beendet war, wenn man sich vor den Fängen der braunen Häscher über den Atlantik hatte retten können.

Die Studenten der großen *Roosevelt University* in Chicago stammten vornehmlich aus weniger bemittelten oder rassisch diskriminierten Familien. Viele mussten sich ihr Studium in Nachtarbeit verdienen. Hirsch lernte, daß ein Lehrer seine Studenten auch motivieren muß: „Wenn in meiner Vorlesung ein Mädchen gähnte, habe ich einen Wiener Walzer gepfiffen und bin mit ihr ums Katheder getanzt."[296]

Die Gepflogenheiten des amerikanischen Universitätslebens haben Hirsch nachhaltig geprägt. Indem er ständig bemüht war um wissenschaftliche Veröffentlichungen, anerkannte er das Prinzip des *publish or perish* (frei übersetzt: „Wer schreibt, bleibt!"), das den beruflichen Lebensrhythmus der Dozenten amerikanischer Hochschulen bestimmt. Bis einer eine *tenure* bekommt und damit das Privileg der permanenten Anstellung analog dem deutschen Beamtenverhältnis, muß er in Forschung und Lehre viel geleistet haben.[297] Entsprechend wurde Hirsch vom *Assistant Professor* zum *Associate Professor* befördert.

Darüber hinaus verraten Hirschs Reden und Schriften einen ausgeprägten Sinn für Humor und eine stattliche Portion Selbstironie. Das garantiert Bodenhaftung. Von dem „Muff von tausend Jahren", den die rebellierenden Studenten des Mai '68 „unter den Talaren" entdeckten, ist hier nichts zu bemerken.

Anders als die vielfach abgehobenen europäischen Professoren seiner Generation verstand sich Hirsch auch blendend auf die Kunst des akademischen Selbst-Marketings. Denn „Klappern gehört zum Handwerk" oder wie der Memoirenschreiber Hirsch selbstbewusst und leicht ironisch „Altmeister Goethe" ausführen lässt: „Nur die Lumpen sind bescheiden, / Brave freuen sich der Tat."[298] Dabei werden verdienstvolle Vordenker, Informanten und Mitdiskutanten vom Autor Hirsch explizit im Text genannt und nicht verschämt in die Fußnoten verbannt (oder gar ganz verschwiegen), wie man es leider von deutschen Wissenschaftlern her nur allzu oft kennt.

Der politische Pädagoge Hirsch kommt ohne erhobenen Zeigefinger aus, wenn er junge Deutsche zu selbständigem Denken und demokratischem Engagement ermuntert. Bezeichnend Hirschs Nachwort zur Studentenrevolte von 1968: „Nicht die Studenten, so verrückt ihre Handlungen oft sein mögen", seien das Hauptproblem der modernen Welt, „sondern die politisch und sozial Unverrückbaren." Dabei erinnert Hirsch an die Verantwortung des Einzelnen für den Bestand von Demokratie und Freiheit: „Hängt nicht vom täglichen Verhalten eines jeden mit ab, wer an die Spitze kommt und was er dort tut? Kann nicht jeder im eigenen Lebensbereich zum demokratischen Experimentator werden?"[299]

Denkwürdiges

Besonders durch die autobiographisch gefärbten Schriften Hirschs ziehen sich eine Reihe von sehr persönlich zu sehenden Topoi wie ein roter Faden. Es sind Anmerkungen zur weiblichen Gleichberechtigung, Überlegungen zum Verkanntsein im eigenen Land und Gedanken zur Dankbarkeit der Heimat.

Der Sohn aus wohlhabender, teils jüdischer Familie hatte von Kindsbeinen an Diskriminierung am eigenen Leibe erlebt, zunächst aus religiösen, später aus politischen Motiven. Im amerikanischen Exil sah er sich tagtäglich mit der Realität der Rassendiskriminierung konfrontiert, die ihm zuwider war. Diese Erfahrungen schärften Hirschs Sensibilität für Benachteiligungen jeglicher Art, besonders die des weiblichen Geschlechts.

Daher sein Einspruch gegen das in den USA erlebte Misstrauen von Professoren gegenüber der Leistungsfähigkeit von Frauen, dem er die Gefahr der *„selffulfilling prophecy"* innewohnen sieht: „So kann Vorurteil das produzieren, was es anzutreffen vermeint."[300] Daher Hirschs Parteinahme für eine Aufwertung von Frauen im akademischen und Wissenschaftsbereich[301], daher auch sein manchmal geradezu demonstratives Beharren auf weiblichen Termini auch dort, wo diese dem deutschen Wortschatz – noch – fremd sind: „Deutsche" und „Deutschinnen", „Mannschaft" und „Frauschaft", „Gelehrter" und „Gelehrtin", aber auch: „Lieschen Müller" und „Christian Strohkopf".[302]

Aus dem gleichen geistigen Quell der Fairness gegenüber dem angeblich „schwachen" Geschlecht und seinen allzu oft übersehenen Verdiensten in der Vergangenheit nährt sich die Sympathie des Historikers und Schriftstellers für „starke", also außergewöhnliche Frauen der deutschen Geschichte. Dreien hat er ein literarisches Denkmal gesetzt: Der geistreichen Kämpferin für soziale Gerechtigkeit, Bettine von Arnim, der freisinnigen Avantgardistin der Frauenemanzipation, Sophie von Hatzfeldt, und der scharfsinnigen Sozialrevolutionärin Rosa Luxemburg.

Der in zweiter Ehe mit der Bildhauerin Anne Hirsch-Henecka (später Witwe Wladimir von Gültzgoff)[303], dann in dritter Ehe mit Marianne Hirsch geb. Tilgner verheiratete Forscher hat sich auch der Marxschen Theorie (im „Kommunistischen Manifest") und Lebenspraxis (in der eigenen Familie) zum Thema Frauen angenommen. Es sei wahr, so resümiert Rolf Schneider Hirschs Untersuchungsergebnis, „der Ehemann und Vorstand eines reinen Frauenhauses, Karl Marx, war *privatim* eher von patriarchalisch-viktorianischem Gehabe."[304] Auch in diesem Kontext bleibt Hirschs Marx-Bild der Objektivität verpflichtet. Die Erhebung des politischen Denkers zum Säulenheiligen findet nicht statt.

Andererseits widmet Hirsch in seinem bereits erwähnten Bonner Gedächtnisvortrag der wissenschaftlichen und sozialen Selbsteinschätzung von Karl Marx auffallend mitfühlende Passagen. Marx, der oft mittellos war, der das Bewusstsein hatte, ebenso gut zu sein wie die Professoren, der aber – aus politischen Gründen – nicht Universitätsprofessor habe werden können, dessen akademischer Ehrgeiz also trotz seiner umfangreichen Schriften nicht gänzlich in Erfüllung gegangen war[305]: Schwingen hier nicht persönliche Saiten des heimgekehrten Emigranten Helmut Hirsch mit, dessen Hoffnungen auf einen passablen beruflichen Start in der jungen Bonner Republik sich auch nur zum Teil erfüllt hatten? Erklärt dies nicht das offenkundige Bedauern des Memoirenschreibers, „nur" an einem *City College* in Chicago mit dem Vorrang der Lehre vor der Forschung gelandet zu sein, und „nicht bei einer der besseren Universitäten Amerikas Karriere gemacht" zu haben?[306]

Der Fall Schoeps

Nicht zufällig auch die dankende Erinnerung an den renommierten Wissenschaftler Prof. Dr. Hans-Joachim Schoeps (1909-1980), Inhaber eines Lehrstuhls für Religions- und Geistesgeschichte in Erlangen. Dieser deutschjüdische Wissenschaftler hatte sich – trotz gegensätzlicher politischer Anschauungen – nach verschiedenen Gastvorträgen Hirschs für dessen „Rückgliederung in die deutsche Universitätswelt" eingesetzt, vergeblich, wie wir wissen. Dessen ungeachtet wusste der Sozialhistoriker Hirsch es durch eine breite Tätigkeitspalette wohlweislich zu verhindern, nach einem Ausdruck desselben H.J. Schoeps „als Privatgelehrter" zu „versauern."[307]

Hans-Joachim Schoeps war ebenfalls Remigrant. Obwohl seine Eltern von den Nationalsozialisten in Auschwitz und Theresienstadt ermordet worden seien, schrieb er 1977 in einer „Erklärung", sei er „aus Vaterlandsliebe nach 7 Jahren erzwungener Emigration schon 1946 nach Deutschland zurückgekehrt." Der Freistaat Bayern richtete dem Heimgekehrten unter Kultusminister Alois Hundhammer (1900-1974) als „Wiedergutmachungsleistung" an der Universität Erlangen einen eigenen Lehrstuhl ein. Wegen mangelnder Loyalität seiner Kollegen kam es im Jahr der Studentenrevolte 1968 zum Bruch zwischen Schoeps und der Erlanger Philosophischen Fakultät. Umstände und Folgen dieser Vorgänge verletzten den Remigranten zutiefst. Nach 60 Semestern als Professor in Erlangen bekannte er voller Resignation, daß er besser im schwedischen Exil geblieben wäre.[308]

Öfter auch klingt in den autobiographischen Publikationen Hirschs, bezogen auf andere, das Los des Verkanntseins im eigenen Land an. So zieht er aus den inhaltlich dürftigen Nachrufen der Wuppertaler Presse auf seinen Vater Emil Hirsch die deprimierende Erkenntnis, daß mit der Trias „Jüdisch – Kaufmann – Geschäft" das für diesen Menschen am wenigsten Bedeutsame für die Nachwelt festgehalten worden sei. Emil Hirschs tapferer Einsatz für soziale Gerechtigkeit, dessen der Sohn bei der Trauerfeier in London gedachte, blieb in der Heimat unerwähnt.[309] Sorgt sich mit solchen Randbemerkungen Helmut Hirsch nicht unbewusst um sein eigenes Bild in der Nachwelt?

Empfindlichkeiten

Hierher gehört auch Hirschs ausgeprägte Empfindlichkeit gegenüber dem, was er als unüberlegten Umgang mit dem Begriff des Jüdischen ansieht. Als Wissenschaftler hat sich Hirsch vielfach mit jüdischen Aspekten der von ihm dargestellten Persönlichkeiten und Themen der deutschen Sozialgeschichte auseinandergesetzt. Dies geschah am intensivsten in der tiefgründigen, auf breiter Quellengrundlage beruhenden Studie über „Marx und Moses" mit dem verdeutlichenden Untertitel „Karl Marx zur Judenfrage und zu Juden."

Als Sohn einer gläubigen Jüdin und eines bekennenden Marxisten und Freidenkers distanzierte sich Hirsch nach eigenen Worten bereits als Jugendlicher von jüdischen Traditionen: Den ersten Weihnachtstag habe er regelmäßig bei Verwandten aus dem christlichen Zweig der väterlichen Familie verbracht.[310] In der Emigration konvertierte Hirsch - nach anfänglichem Liebäugeln mit dem Katholizismus - 1942 in New York zum Protestantismus. Die Bekehrung selbst, so erklärte er 1982 aus gegebenem Anlaß, gehe auf das Jahr 1932 zurück.[311] Die Konversion zum Christentum hinderte den Forscher nicht daran, eine mit den Jahren noch zunehmende „intensive Beschäftigung mit den mannigfachsten Gestalten und Problemen einer faszinierenden Spezies der Weltbevölkerung" – gemeint sind die Juden – zu entfalten.[312]

Geradezu allergisch aber reagierte Hirsch später, wenn man ihn als „jüdischen Emigranten" apostrophierte. Zum einen sei es fragwürdig, einen Menschen unbefragt nach seiner Religion einzustufen oder nach seinem – vielleicht nur vermeintlichen – „jüdischen" Namen. Wichtiger aber, so argumentierte er dann, sei dies: Er sei 1933 nicht in erster Linie aus konfessionellen oder gar „rassischen" Gründen vor dem Naziterror ins Saargebiet geflohen, sondern als überzeugter Demokrat und liberal eingestellter Publizist und Mitarbeiter der „Frankfurter Zeitung" und des „Vorwärts".

Hinter diesem Streit um Worte verbirgt sich für Hirsch ein Streit um politische Grundwerte. Dies war der Kern eines Zerwürfnisses zwischen dem streitbaren Publizisten und dem Saarländischen Rundfunk im Jahr 1982. Dessen Quintessenz sah Hirsch so: Nur wenn man NS-Gesichtspunkten Vorrang einräume vor einer treffenderen Wortwahl könne man anno 1982 einen politischen Gegner der braunen Diktatur mit dem „NS-Sündenbock-

Kennwort" anreden, dessen Initiale schließlich in die Pässe gestempelt wurde.[313]

Dank und Undank

Erst wenn man vergessen ist, ist man wirklich tot. Diesem Diktum Rechnung tragend, sieht sich besonders der betagte Publizist in der Pflicht, dem Vergessen bedeutender Gestalten seines Lebens entgegenzuwirken. Darum seine warmherzige Hommage an seinen Kampfgefährten und Lebensretter Hubertus Prinz zu Löwenstein.[314] Darum seine vielfältigen Bemühungen, die Erinnerung an Siegfried Thalheimer wach zu halten, der 1981 vereinsamt und „fern der undankbaren Düsseldorfer Heimat" starb. Und darum auch sein Wink an die Wissenschaft, Leben und Werk dieses bedeutenden Publizisten zu erforschen.[315]

Hirsch seinerseits zögerte nie, auch jüngeren und weniger prominenten Mitstreitern *expressis verbis* für ihr Engagement zugunsten einer fairen Geschichtsbetrachtung zu danken, und das ohne Ansehen der Parteizugehörigkeit. Hierfür bietet das umfangreiche Namensverzeichnis seiner Autobiographie „Onkel Sams Hütte" reichlich Belege.[316]

Wer Undankbarkeit beobachtet und selbst erlebt hat, freut sich umso mehr über Gesten der Anerkennung und Dankbarkeit. Das gilt auch für Hirsch. Er machte aus der tiefen Genugtuung etwa über eine Würdigung seiner um Objektivität bemühten Saarforschung[317] ebenso wenig ein Geheimnis wie aus seiner Empfänglichkeit für andere Auszeichnungen, in denen er eine späte

Form der Wiedergutmachung sehen mag. Immerhin sind ihm solche in erheblicher Zahl zuteil geworden: 1974 Eduard-von-der-Heydt-Preis der Stadt Wuppertal[318], 1978 Bundesverdienstkreuz Erster Klasse, 1980 Saarländischer Verdienstorden, 1988 Verdienstorden des Landes Nordrhein-Westfalen, 1993 Cantador-Medaille der Düsseldorfer Gesellschaft für Rechtsgeschichte.

1980 wurde Hirsch zum Mitglied des P.E.N.-Zentrums der Bundesrepublik Deutschland berufen, dessen Präsidium er zeitweise angehören sollte.[319] Gegenüber dem damaligen saarländischen Ministerpräsidenten Oskar Lafontaine schätzte sich Hirsch 1985 glücklich, im P.E.N. eine „geistige Heimat" gefunden zu haben.[320]

Mit zunehmendem Alter mehrten sich das Interesse und die Wahrnehmung der breiten Öffentlichkeit für das Leben, Forschen und Schreiben des Historikers, Politologen und Publizisten Helmut Hirsch. Die Zentralbibliothek seiner Geburtsstadt Wuppertal widmete dem Mann, „der nie lau war und der mit heißem Herzen und kühlem Kopf schrieb", im Jahr 1975 eine reich dokumentierte „Helmut-Hirsch-Ausstellung".[321] Einige Gedichtzeilen aus der Feder des Literaten Hirsch bezeugten dort einmal mehr dessen mit einem Hang zur Ironie gepaarte Heimatliebe:

Zwischen Rheinland und Westphalen
Hier Europa, dort Ural
Liegt die größte Kleinstadt Deutschlands
Nennt sich kühn
Stadt Wuppertal.

Zwei bemerkenswerte Festschriften zum 70. und 80. Geburtstag Hirschs charakterisierten bereits im Titel die auf Widerspruch angelegte Persönlichkeit des Forschers „im Gegenstrom"[322] und das Ziel seiner unermüdlichen *vita activa*, die Dinge zu bewegen.[323]

Schließlich veranstaltete auch die Universitäts- und Landesbibliothek Düsseldorf anlässlich des 90. Geburtstages von Helmut Hirsch eine Ausstellung zu Biographie und Gesamtwerk des ewigen Nonkonformisten. Als Motto der Schau wählte man, wie es der Geehrte in humorvoller Anspielung auf seinen Namen und sein Alter wünschte, einen Terminus aus der Jägersprache: „Der Neunzigender".[324]

DDR und Wiedervereinigung

Im Unterschied zu Hubertus Prinz zu Löwenstein hat sich Helmut Hirsch nicht an der politischen Auseinandersetzung zwischen den beiden antagonistischen Blöcken in der Ära des Ost-West-Konflikts beteiligt, jedenfalls nicht mit größeren Arbeiten. Löwenstein analysierte am Vorabend der Bonner Großen Koalition in einem engagierten Essay das unveränderte Weltmachtstreben der Sowjetunion und Rot-Chinas. Im Gegensatz zu jenen Beobachtern, die abwartend auf die angebliche Schwäche des kommunistischen Blocks setzten, mahnte der Prinz, dem allzeit wachen Expansionsstreben Moskaus und Pekings mit entschlossenem Verteidigungswillen zu begegnen. Nur so könne das Gleichgewicht des Risikos erhalten und der Atomkrieg vermieden werden.[325]

In seinen verschiedenen Funktionen als Politiker, Publizist und Diplomat focht der Prinz bis zu seinem überraschenden Tod 1984 für die Beseitigung des „Eisernen Vorhanges"[326] und die Überwindung der deutschen Teilung im Westen, bezogen auf das abgetrennte Saarland, und im Osten, bezogen auf die DDR.[327]

Als Sonderberater des Bundespresse- und Informationsamtes bereiste Prinz Löwenstein seit 1960 die ganze Welt. 1973 beendete er diese medienwirksamen Auftragsreisen. Er war nicht bereit, als Sprachrohr der von der SPD/FDP-Regierungskoalition initiierten „neuen Ostpolitik" zu dienen. Nicht zufällig fehlt der Name Willy Brandt im Personenregister der Memoiren des Prinzen aus letzter Hand.[328]

Angesichts der den freiheitlichen Pluralismus verneinenden Herrschaftssysteme der Sowjetunion und der DDR zog sich Helmut Hirsch auf die distanzierte Position des mehr beschreibenden als wertenden Wissenschaftlers zurück. Zwar bekennt er sich im Jahre 1983 als „Gegner eines Regimes, in dem Marx zum Idol geworden ist"[329], und er bedauert auch – etwa am Beispiel des einheitlichen Schulgeschichtsbuches der DDR – das Beharren des SED-Staates auf dem „bolschewistischen" Ideologie-Monopol.[330] Doch ist der westdeutsche Marx- und Engelsexperte leider nie ausführlich der Frage nachgegangen, inwiefern sich die Herrscher im Kreml und in Ost-Berlin zurecht oder zu Unrecht auf die beiden Gründerväter des Kommunismus berufen. Auch nicht der für die Marx- und Engelsdeutung natürlich äußerst brisanten Frage, inwiefern die Missachtung von Grund- und Menschenrechten im kommunistischen Machtbereich mit den Überzeugungen und Zielsetzungen des Denkergespanns vereinbar war oder nicht.[331] Somit müssen wir uns mit dem knappen *Statement* Hirschs begnügen, wonach das, was sich im Ostblock entwickelte, „mit Marx wenig zu tun" gehabt habe.[332]

An der Teilung des Deutschen Reiches infolge des Zweiten Weltkrieges nahm Hirsch keinen erkennbaren Anstoß. Er spricht von der Bundesrepublik und der DDR wertneutral als den „beiden Deutschländern", bedient sich auch ungeniert des nicht nur in westdeutschen Regierungskreisen lange verpönten Kürzels BRD und kommt im Fall der DDR ohne die relativierenden Gänsefüßchen aus. Im Gegensatz zu Prinz Löwenstein postulierte Hirsch die Wiederherstellung der deutschen Einheit nicht. Stattdessen ging er wie viele vor allem linksstehende westdeutsche Intellektuelle von der vollendeten Zweistaatlichkeit Deutschlands aus und billigte der DDR eine weitgehende staatliche und gesellschaftliche Normalität zu, die durch ein alternatives Gesellschaftsmodell gekennzeichnet war.[333]

Hirschs betont milde Sicht der DDR mag auch durch persönliche Erfahrungen und Kränkungen beeinflusst worden sein. Darauf deutet einiges hin. „Der Wahrheit zuliebe" müsse er festhalten, daß seine fast fünfzigjährigen Bemühungen um die Geschichte der Arbeiterbewegung „ungeachtet seiner entschieden westlichen Einstellung" bei der östlichen Forschung größere Aufmerksamkeit erweckt hätten. Auch seien östliche Forscher ihm gegenüber nie in den „hämischen Stil" verfallen, den einige Autoren der mittleren und jüngeren Generation in der BRD offensichtlich für einen legitimen Bestandteil der Freiheit hielten.[334] Dies gab Hirsch 1980 zu bedenken.

Im Januar 1989, als der im Oktober einsetzende Zusammenbruch der DDR noch nicht absehbar war, sollte die Karl-Marx-Universität Leipzig, wie bereits erwähnt, Hirsch den 1933 entgangenen Doktortitel nachreichen. Ein respektabler Akt verspäteter Wiedergutmachung über die ideologischen Trennlinien hinweg, in dem der Geehrte „eine bewegende Geste des guten Willens" erkannte[335]: „Es war eine sehr bewegende, unvergessliche Situation, ein Höhepunkt meines Lebens und speziell meiner Rückwanderung."

Spuren der SED-Diktatur

Von der Dynamik, mit der sich der Zug der deutschen Politik nach dem Zusammenbruch des Ostblocks in der Ära Gorbatschow in Richtung nationaler Einheit bewegte, wurde auch Hirsch überrascht. Wie viele westdeutsche Intellektuelle[336] unterschätzte er die Wucht des Drangs der DDR-Bevölkerung nach Freiheit und Wiedervereinigung. Noch Anfang Dezember 1989 – die Mauer war gerade gefallen – gestand er unumwunden, die „Hoffnung auf eine Wiedervereinigung" nicht zu teilen. Er begründete seine Skepsis so: „Menschen, die von mehreren aufeinanderfolgenden unfreien oder halbfreien Regimen geformt worden sind, werden nicht von ‚gewaltfreien Revolutionen' zu Bürgerinnen und Bürgern einer Demokratie, sondern wenden sich Diktatoren zu."[337]

In einem Punkt lag Hirschs Diagnose richtig. Die DDR-Diktatur warf einen langen Schatten, der weit über die Wiedervereinigung hinaus reichte. Am 29. Juli 1995 brachte das „Neue Deutschland", vormals richtungsweisendes Parteiorgan der regierenden SED, eine Besprechung der Memoiren Hirschs aus der Feder des Münsteraner Soziologie-Professors und Exilforschers Sven Papcke.[338]

Diese Rezension löste in der Redaktion der nunmehr PDS-nahen Tageszeitung offenbar mehr als nur ein Heben der Augenbrauen aus. Sei es, daß der Hinweis des Rezensenten auf das „totalitäre Gebaren der Stalinisten" im Pariser Lutetia - Ausschuß vor 1940 Unmut erregt hatte, sei es, daß er „Stasi-Unappetitlichkeiten ohne Ende" im Gefolge der Wiedervereinigung für das mangelnde Interesse an memorialistischer Exilliteratur verantwortlich machte, die Reaktion auf die Veröffentlichung war jedenfalls drastisch und eindeutig: Der verantwortliche Redakteur wurde entlassen.[339]

Noch im März 1994 hatte Hirsch in einer FAZ-Rezension die manipulativen Textweglassungen in der von der Ost-Berliner Professorin Annelies Laschitza verantworteten Edition der Briefe Rosa Luxemburgs mit milder Ironie moniert [340] (Laschitza räumte später ein, sich zu DDR-Zeiten an Politbüro-Vorgaben orientiert und bestimmte Seiten von Rosa Luxemburg nicht zur Kenntnis genommen zu haben[341]) und das Ende der Bevormundung in der untergegangenen DDR begrüßt. Hirsch freute sich zu früh. Die Konsequenzen der Papcke-Rezension beweisen es. Die Pressefreiheit sollte es offenbar auch im Dunstkreis der SED-Nachfolgepartei schwer haben.

6. Kapitel: Nachwirkungen

Greift zu, bedient euch.
Wir sind die letzten.
Fragt uns aus.
Wir sind zuständig.
Wir tragen den Zettelkasten
Mit den Steckbriefen unserer Freunde
Wie einen Bauchladen vor uns her.

Hans Sahl (1902-1993), Schriftsteller und Publizist,
1933 Flucht aus Berlin über Prag, Zürich und
Paris (Internierungslager 1939/40)
in die USA (1941-1989),
dann Rückkehr in die Bundesrepublik,
in seinem Gedicht „Wir sind die Letzten" (1973).

So hat das Memoirenwerk des weißhaarigen, Deutschamerikaners Helmut Hirsch unerwartet ein Thema wieder aufklingen lassen, das seinen verschlungenen Lebensweg wie kein zweites auf elementare Weise geprägt hat: Die Unterdrückung des nächst dem Recht auf Leben und Menschenwürde zentralsten aller Grund- und Menschenrechte, der Freiheit nämlich, durch diktatorische oder halbdiktatorische Regime.

Seiner demokratischen Freiheitsrechte beraubt, um Leib und Leben fürchtend, hatte ihn die nationalsozialistische Diktatur aus dem Land seiner Väter und Mütter getrieben, einem ungewissen Schicksal entgegen. Trotz vieler Fährnisse war es ihm und seiner Lebensgefährtin im Exil, Eva Buntenbroich-Hirsch, vergönnt, das Exil zu überleben, angesichts unzähliger in Düsternis versunkener

Existenzen keine gering zu schätzende Gnade. Natürlich erlebte auch Hirsch, daß das amerikanische System nicht nur Blumen zum Blühen, sondern auch Unkraut zum Schießen gebracht hatte.

Bleibende Erfahrungen bezogen sich auf die amerikanischen Tugenden der Hilfsbereitschaft, der Großzügigkeit und des Sinns für Humor, aber auch auf die Benachteiligung von Minderheiten – Schwarze, Katholiken, Iren, Japaner – und den alltäglichen, banalen Rassismus. Wie hätte es den Flüchtling aus dem rassistisch verseuchten Deutschland auch nicht empören sollen zu sehen, wie Farbige herabgesetzt und benachteiligt wurden, nur wegen ihrer stärkeren Hautpigmentierung?

Nach dem Abschied aus den USA war es dem Remigranten Hirsch in der wiedergewonnenen deutschen Heimat gelungen, ein erstaunlich umfangreiches wissenschaftliches und publizistisches Oeuvre zu schaffen. Ist es ein Zufall, daß darin immer wieder das Thema variiert wird, wie gesellschaftliche Groß- oder Kleingruppen oder einzelne herausragende Individuen mit dem Los des eigenen oder fremden Unterprivilegiertseins umgehen, mit der gefährdeten, geschmälerten oder ganz vorenthaltenen Entfaltungs- und Gestaltungsfreiheit?

Reiner Zufall, daß ein selbst Ausgestoßener und Verfolgter sich mit Leidenschaft und immer präsentem Mitgefühl des Lebens und Schicksals so vieler an den Rand gedrängter Existenzen angenommen hat, nicht zuletzt der palästinensischen Flüchtlingskinder, deren Schulbesuch er seit 1975 über UN-Hilfsorganisationen unterstützt? Weil die Palästinenser nun für ihn die *underdogs* waren. Und weil er die Wohltat des Ausspruchs von Ludwig Börne (1786 -1837) am eigenen Leib erfahren hatte und nun auch selbst umsetzen wollte: „Bist du arm: brauchst du Menschen, die dir geben; bist du reich: brauchst du Menschen, welchen du gibst."

Thank you, Miss Liberty!

Wie Millionen anderen hatte „*Miss Liberty*" im Hafen von New York den aus Wuppertal über Saarbrücken, Paris und Marseille nach Amerika gelangten Flüchtlingen Geborgenheit und Rechtssicherheit in der Stunde höchster Gefahr geboten. Das hat Helmut Hirsch den Vereinigten Staaten nie vergessen. Daher die von Dankbarkeit und Stolz zeugende Selbstbezeichnung als „amerikanischer Staatsbürger deutscher Herkunft."

Den Daheimgebliebenen, die sich mit den Verhältnissen im nationalsozialistischen Deutschland – aus welchen Gründen auch immer – arrangiert hatten, galten die Emigranten nach Kriegsende oft als Fahnenflüchtige, Vaterlandsverräter oder Nestbeschmutzer. Man warf ihnen vor, im sicheren Ausland ein bequemes Leben geführt zu haben, und verdächtigte sie zudem, das deutsche Volk aus Rache für ihr Schicksal bei den späteren Siegermächten denunziert zu haben.[342]

Diese der Selbstrechtfertigung dienende Sichtweise war meilenweit von der Wirklichkeit entfernt. Der Weg von Helmut und Eva Hirsch ins Exil und ihr hartes Leben in der Emigration haben uns das deutlich gezeigt. Nicht sie ließen die geliebte Heimat im Stich, sondern ein rassistisches und terroristisches Regime beraubte sie ihres Besitzes, entzog ihnen die deutsche Staatsbürgerschaft und trachtete ihnen als Andersdenkenden nach dem Leben.

Das materielle Überleben und das berufliche Fortkommen in der Fremde spottete gleichfalls jeglicher Illusion eines komfortablen Daseins. Die Flüchtlinge aus dem Rheinland litten förmlich in der Neuen Welt unter den undifferenzierten und oft erbarmungslosen Urteilen ihrer amerikanischen Umwelt über „die" Deutschen. Sie plädierten gegen die These von der Kollektivschuld aller Deutschen und beteiligten sich nach dem Ende der militärischen Kampfhandlungen an Hilfsmaßnahmen für das hungernde Deutschland.

Sobald es ging, kehrten sie, die sich immer als Deutsche gefühlt hatten, nach Deutschland zurück. Ihre Rückkehr sollte auch Zeichen dafür sein, daß Hitler den Krieg nicht gewonnen hatte. Wieder hieß es, sich privat und beruflich neu zu positionieren. Besonderes Entgegenkommen erfuhren die Remigranten dabei nicht. Die Farce der „Wiedergutmachung", das vergebliche Mühen Hirschs um einen angemessenen Wirkungskreis als Universitätsprofessor und der Konkurrenzneid der wohlbestallten Kollegen vor dem in manchem überlegenen Remigranten (so bediente sich Hirsch des Französischen und Englischen problemlos in Wort und Schrift[343]) fügen sich in die lange Kette der von Sven Papcke so beklagten „Rücksichtslosigkeit der Nachkriegsjahre gegenüber dem Exil."[344]

Freiheit als Kleinod

Am 15. April 1947 war dem Ehepaar Hirsch die US-Staatsbürgerschaft verliehen worden. Seinem damals in klassischer Kürze formulierten politischen Credo ist der Gelehrte Helmut Hirsch unbeirrbar treu geblieben: „Ich bin jeglicher Beschränkung der akademischen und persönlichen Freiheit abgeneigt, einerlei, ob solche Beschränkung Deutschen, Russen oder Amerikanern auferlegt wird. (...) Die Freiheit ist unteilbar."[345]

Dieser Losung, dem „Freiheitskampf als revolutionärer Parole", fühlte sich auch Hirschs Lebensretter Prinz Löwenstein zeitlebens verpflichtet: *„Ubi libertas, ibi patria!* – Wo Freiheit herrscht, da ist das Vaterland!" Es komme nicht auf die Nationalität oder Gesellschaftsordnung an, „sondern nur darauf, ob der Mensch frei ist, ob seine Würde, ob die mit ihm geborene Freiheit, die der Staat ihm weder verleihen noch rauben kann, geschützt sind."[346]

Für Helmut Hirsch sind persönliche Entfaltung und die Abwesenheit von Diskriminierung zwei Seiten derselben Medaille mit der Aufprägung „Freiheit". Die anfänglich noch in Amerika empfundene Aversion gegen Polizeiuniformen und spätere Ängste des betagten Remigranten vor antisemitischen Manifestationen unterschiedlicher Art sind das nachwirkende Echo des eigenen Verfolgungsschicksals.[347] Weshalb, so fragt Hirsch 1980, wagen es manche Leute noch vier Jahrzehnte nach dem Scheitern des Nationalsozialismus nicht, über ihre Leidenserfahrung mit Namensangabe auszusagen?[348] Fremdenfeindliche Graffiti etwa an der Straßenbahn-Haltestelle seines idyllischen Düsseldorfer Wohnvororts („Deutschland erwache! Türke verrecke! Kanaken raus!" – Unterzeichnet: NSDAP) ängstigen und beschämen ihn zugleich.[349]

Das Wissen unserer Jugend über Verfolgung, Exil und Holocaust sei „nur noch ein intellektuelles Wissen, kein emotionales." Der dies bei einer Autorenlesung vor Homburger Gymnasiasten im Oktober 1985 beklagte, war der inzwischen verstorbene Publizist Walter Zadek (1900-1992), geboren in Berlin und 1933 nach Palästina geflohen.[350]

Dem von Zadek beklagten Trend entgegenzuwirken, war die tiefere Motivation zur vorliegenden Untersuchung. Der Lebensweg von Helmut Hirsch diente uns als Paradebeispiel, um das Schicksal und die Folgen von Vertreibung und Vertriebensein, auch emotional, nachzuvollziehen und vielleicht ein wenig auch mitzuerleben.

Die persönliche Note soll nicht verschwiegen werden. In einem Brief vom 4. November 2001 an den mir seit fast drei Jahrzehnten bekannten, inzwischen freundschaftlich verbundenen Gelehrten skizzierte ich sie so: „Es ist ein Unternehmen, das ich letztlich Ihnen zu Ehren angegangen bin. Weil ich finde, daß das Schicksal eines durch die NS-Untaten zum Emigranten gewordenen Deutschen beispielhaft der jüngeren Generation vor allem vor Augen geführt werden sollte."

Anmerkungen

[1] Hierzu allgemein Marita Krauss: Heimkehr in ein fremdes Land. Geschichte der Remigration nach 1945, München 2001; ferner Hans Georg Lehmann: In Acht und Bann. Politische Emigration, NS-Ausbürgerung und Wiedergutmachung am Beispiel Willy Brandts, München 1976;Uwe Soukup: Ich bin nun mal Deutscher. Sebastian Haffner. Eine Biografie, Berlin 2001; Jean-Jacques Naudet/Peter Riva: Marlene Dietrich, Berlin 2001; Hermann Kreutzer/Manuela Runge: Ein Koffer in Berlin, Berlin 2001; Dieter Marc Schneider: Saarpolitik und Exil 1933-1955, in: Vierteljahreshefte für Zeitgeschichte 25 (1977), S. 467-545; Albert H. V. Kraus : Die Saarfrage (1945-1955) in der Publizistik, Saarbrücken 1988, S. 40; im Abstimmungskampf vor dem Saar-Referendum vom 23.Oktober 1955 spielte ein Plakat der prodeutschen DPS auf die Emigration von Ministerpräsident Hoffmann (CVP) und Justizminister Dr. Braun (SPS) an. Der Text lautete: „1939-1945 hetzten sie gegen Deutschland – Heute mißbrauchen sie unsere Toten"; Wiedergabe des Plakats bei Heinrich Schneider: Das Wunder an der Saar, Stuttgart 1974, Abb. 194, oben rechts (schwarzweiß) bzw. bei Gerhard Paul/Ralph Schock: Saargeschichte im Plakat 1918-1957, Saarbrücken 1987, S. 180 (bunt).

[2] Marita Krauss: Die Rückkehr der „Hitlerfrischler". Die Rezeption von Exil und Remigration in Deutschland als Spiegel der gesellschaftlichen Entwicklung nach 1945, in: Geschichte in Wissenschaft und Unterricht 48 (1997), S.159-160, Zitat S. 158; Sven Papcke: Exil und Remigration als öffentliches Ärgernis. Zur Soziologie eines Tabus, in: Exil und Remigration (Exilforschung. Ein Internationales Jahrbuch, 9), München 1988, S. 9-24.

[3] Schreiben H.Hirsch an den Vf. vom 20.2.2001.

[4] zit. nach : Verboten und verbrannt. Deutsche Literatur im Exil 1933-1945, Hamburg-Frankfurt a.M. 1983, S. 30.

[5] Nach Krauss, Heimkehr, S.9, gingen rund ein Viertel der deutschsprachigen Emigranten in die USA; vgl. hierzu auch Hans Schwab-Felisch: Wie viele Leben lebt der Mensch in seinem Leben? <Über eine Gesprächsrunde im Münchener Institut für Zeitgeschichte mit den inzwischen verstorbenen Remigranten Fritz Heine (1904-2002), Johannes Schauff

(1902-1990) und Herbert Weichmann (1896-1983)>, in: Frankfurter Allgemeine Zeitung (FAZ) vom 12.7.1980.

[6] Helmut Hirsch: Onkel Sams Hütte. Autobiographisches Garn eines Asylanten in den USA. Mit einem Vorwort von Lew Kopelew, Leipzig 1994, S.10, (fortan: Hirsch, Sam).

[7] Die in Wuppertal-Elberfeld geborene und im Jerusalemer Exil gestorbene Schriftstellerin Else Lasker-Schüler (1869-1945) war eine Jugendbekannte von Hirschs Mutter Hedwig Hirsch, vgl. Helmut Hirsch: Geschicke einer Familie. Ergänzungen zum „Weg der jüdischen Wuppertaler", in: Tribüne, H. 105, 1988, S. 170 (fortan: Hirsch, Geschicke).

[8] Durch Selbstmord (außer Friedell und Klepper) im Exil starben die Schriftsteller Walter Benjamin (1892-1940) in Port Bou/Südfrankreich, Egon Friedell (1878-1938) in Wien, Walter Hasenclever (1890-1940) in Les Milles/Südfrankreich, Jochen Klepper (1903-1942) in Berlin (mit seiner jüdischen Frau und seiner Tochter), Klaus Mann (1906-1949) in Cannes, Ernst Toller (1893-1939) in New York, Kurt Tucholsky (1890-1935) bei Göteborg, Alfred Wolfenstein (1888-1945) in Paris, Stefan Zweig (1881-1942) in Rio de Janeiro, vgl. Verboten und verbrannt, a.a.O., S, 17-25.

[9] Zahlreiche biographische Details finden sich bei Hirsch, Geschicke, S. 162 ff., und bei Ders. : Quellenkundliches und Autobiographisches zum Jüdischen Wanderbund Blau-Weiß in Elberfeld. Aus eigenen Erinnerungen und Beziehungen, in: Zeitschrift des Bergischen Geschichtsvereins 95, 1991/92, S. 145-176 (fortan: Hirsch, Blau-Weiß).

[10] Vgl. ebd. S.158f.,170; Hirsch, Geschicke, S.166-170.

[11] Vgl. Hirsch, Sam, S.86, 209 ff. ; Hirsch, Blau-Weiß, S. 160 ff. ; Hirsch, Geschicke, S. 166 ff: Entsprechend der Zahl seiner Angestellten erhielt der „Schutzhäftling" Emil Hirsch im KZ Kemna 40 Stockhiebe; diese Folterszene schildert auch Hirsch, Sam, S. 203; an das Bild von „Onkel Bebel" erinnert Hirsch im Gespräch mit Thomas Mayer („Rosa, eine Mittlerin zwischen den Welten"), in: Leipziger Volkszeitung vom 15.1.1994;

zu „Onkel Bebel" und „Onkel Singer" vgl. auch Helmut Hirsch: „Zeitgeist, ich habe keinen Respekt vor dir", in: Holger Becker/Volker Külow (Hg.): Zeugen der Zeitgeschichte. „Vielleicht stehen wir alle erst ganz am Beginn", Berlin 1994, S. 25. Der Berliner Arbeiterführer Paul Singer (1844-1911) wurde 1890 SPD-Vorsitzender neben August Bebel (1840-1913).

[12] Vgl. Hirsch, Sam, S. 27, 206, 323; ferner : Hirsch, Blau-Weiß, S. 158f., 170.

[13] Hirsch, Sam, S. 49.

[14] Hirsch, Geschicke, S. 168.

[15] Hirsch, Sam, S. 14 und 50.

[16] Vgl. Hirsch, Blau-Weiß, S. 156f., zit. Ebd. ; ferner : Helmut Hirsch: Wandlungen einer Wuppertaler Schule, in: Bergische Blätter, Januar 1980, S.12-14, zit. S. 13 (fortan: Hirsch, Schule).

[17] Vgl. ebd. S. 12f.

[18] Vgl. ebd. S. 12 (Zitat) und S. 13; den Stellenwert des historischen Ortes Sedan in den deutsch-französischen Beziehungen beleuchtet Horst Möller: Lieux de mémoire – Orte der Erinnerung, in: Vis-à-vis: Deutschland und Frankreich. Begleitbuch zur Ausstellung im Haus der Geschichte der Bundesrepublik Deutschland (Bonn 1998), Köln 1998, S. 53f.

[19] Hirsch, Schule, S. 14.

[20] Hirsch, Sam, S. 101f.

[21] Ebd. S. 202f., 206; zur damals „noch sehr exklusiven Russlandreise" vgl. auch Helmut Hirsch: Viel Kultur für wenig Geld? (Broschüre zur Geschichte der Wuppertaler Volksbühne mit einer 60 Titel umfassenden Publikationsliste Hirschs), Düsseldorf-Wien 1975, S. 14f., zit. ebd.

[22] Vgl. Hirsch, Sam, S. 206f.; zur Werksgeschichte des Gedichtbändchens („Amerika, du Morgenröte. Verse eines Flüchtlings 1939-1942", New York 1947) vgl. ebd. S. 61 mit Auszügen S. 149 und 343.

[23] Hirsch, Sam, S. 344f.

[24] Vgl. hierzu ebd. S. 300; Helmut Hirsch: Freiheitsliebende Rheinländer. Neue Beiträge zur deutschen Sozialgeschichte, Düsseldorf-Wien 1977, S. 11; Helmut Hirsch, Experiment in Demokratie. Zur Geschichte der Weimarer Republik, Wuppertal 1972, S. 157.

[25] Albert H. V. Kraus: Mit seiner Unterschrift half er Hitler in den Sattel. Kein Glücksfall für die Deutschen: Die Wahl Hindenburgs zum Reichspräsidenten vor 75 Jahren, in: Straubinger Tagblatt vom 5.5.2000.

[26] Vgl. Juden zwischen Antisemitismus und Assimilation, in: Lehrerhandreichung zum Projekt „Sunshine – Ein Hauch

von Sonnenschein", Hg.: Stiftung Lesen, Mainz 1999, S. 6f.

[27] Vgl. Hirsch, Geschicke, S. 166ff.,170f.

[28] Theodor Herzl: Der Judenstaat. Versuch einer modernen Lösung der Judenfrage, Berlin und Wien 1896, Einleitung.

[29] Zur Stadtgeschichte Wuppertals vgl. Helmut Hirsch: Von der Vernunftehe zum NS-Wahn 1929-1933, in: Bergische Blätter, 1979, S. 14f.; zum Anteil der israelitischen Einwohner am Schicksal der Stadt vgl. Hirsch, Geschicke, S. 158ff., Zitat S. 160. Im Ersten Weltkrieg waren von 469 jüdischgläubigen Eingezogenen 63 gefallen (also rund 13 Prozent), zehn waren als Offiziere heimgekehrt, davon vier mit dem Eisernen Kreuz 1. Klasse (ebd. S.159); die Zahl der gefallenen jüdischen Deutschen beziffert Hirsch, Sam, S. 283 auf ca. 12.000 (bei 100.000 Eingezogenen).

[30] Hirsch, Geschicke, S. 160.

[31] Vgl. auch zum Folgenden ebd. S. 167f.; ferner Hirsch, Sam, S. 49, und Hirsch, Blau-Weiß, S. 160.

[32] Für sein auf dem Weg der „Zwangsarisierung" „abgekauftes" Geschäft erhielt Emil Hirsch 3000 Mark. Schon allein die Einrichtung des Geschäftes sei ein Vielfaches wert gewesen, schreibt Hirsch, Geschicke, S. 167. Zum weiteren Lebensweg der Eltern vgl. ebd. S. 168, ferner: Hirsch, Sam, S. 262 und 325.

[33] Vgl. ebd. S. 55 und 58, zit. ebd.; den wissenschaftlichen Rang seiner Doktorväter beleuchtet mit dem Gefühl der Dankbarkeit Helmut Hirsch: Zur Genesis der Karl Friedrich Köppen-Forschung. Ein unverzichtbarer Rechenschaftsbericht, in: Lars Lambrecht (Hg.): Philosophie, Literatur und Politik vor den Revolutionen von 1848. Zur Herausbildung der demokratischen Bewegungen in Europa, Frankfurt a. M.-Berlin - New York 1996, S. 355-358. Die Promotionsurkunde der Karl-Marx-Universität Leipzig vom 25. Oktober 1988 mitsamt dem Protokoll der Sitzung des Wissenschaftlichen Rates vom 31. Januar 1989, in deren Verlauf die Urkunde überreicht wurde, liegen dem Vf. vor.

[34] Bertolt Brecht: Gesammelte Werke in acht Bänden, Bd.4, Gedichte, Frankfurt a. M. 1967, S. 718.

[35] Näheres bei Hirsch, Sam, S. 23, 84, 214 und 348.

[36] Vgl. Hirsch, Geschicke, S. 167, Anm. 47.

[37] Wir sind hier gefolgt Albert H. V. Kraus: Helmut Hirsch. Dem Saar-Forscher und Sozialismus-Experten zum 70. Geburtstag, in: Saarheimat, H.3, 1978, S. 55, zit. ebd.; zur

Straßburger Episode vgl. Helmut Hirsch: Souvenir de la famille Halbwachs, in: Maurice Halbwachs (1877-1945). Colloque de la Faculté des Sciences Sociales de Strasbourg (Mars 1995). Textes réunis par Christian de Montlibert, Strasbourg 1997, S. 94.

[38] Vgl. Hirsch, Sam, S. 23.

[39] Vgl. ebd. S. 24f.

[40] Ebd. S. 26.

[41] Ebd. S. 27.

[42] Vgl. ebd. S. 42. Zum „Fall Westland" vgl. Patrick von zur Mühlen: „Schlagt Hitler an der Saar!" Abstimmungskampf, Emigration und Widerstand im Saargebiet 1933-1945, Bonn 1979, S. 166; Gerhard Paul: „Deutsche Mutter – heim zu Dir!" Warum es misslang, Hitler an der Saar zu schlagen. Der Saarkampf 1933-1935, Köln 1984, S. 286.

[43] Vgl. Helmut Hirsch: Ein bemerkenswerter Schriftsteller – Rudolf Leonhard, in: Exil, H.1, 2000, S. 30, 32, 34f. (fortan: Hirsch, Leonhard).

[44] Zitate ebd. S. 35-37.

[45] Vielfältige Einblicke in Struktur, Gedankenwelt und Alltag der politischen und unpolitischen Emigration nach Frankreich gewährt Julia Franke: Paris – eine neue Heimat? Jüdische Emigranten aus Deutschland 1933-1939, Berlin 2000.

[46] Ralph Schock (Hg.): Haltet die Saar, Genossen! Antifaschistische Schriftsteller im Abstimmungskampf 1935, Berlin – Bonn 1984, S. 236. Hitlers Gauleiter Bürckel spottete dagegen: „Der Status quo ist weiter nichts als eine lateinische Deklaration für ein französisches Frachtgut", zit. nach Albert H. V. Kraus: 13. Januar 1935 – Entscheidung an der Saar. Die Volksabstimmung im Spannungsfeld von nationaler Identität und Hitler-Diktatur, in: Damals. Das Geschichtsmagazin, H.1, 1985, S. 81.

[47] Vgl. Hirsch, Sam, S. 65f., Zitate ebd.

[48] Ebd. S. 66.

[49] Vgl. ebd. S. 52 mit Zitaten und S. 51 mit Anmerkungen zum Thema „Und was halten wir NS-Opfer vom Pazifismus?"

[50] Ebd. S. 63 f. Hirschs Gedicht „Die beiden Dackel", zit. S. 64.

[51] Ebd. S. 51, Zitat aus einem Brief der Schauspielerin Lilli Palmer an Hirsch.

[52] Zum Lutetia-Kreis vgl. D. M. Schneider (Anm. 1), S.

509-511; biographische Erwähnungen bei Hirsch, Sam, S. 32 (Maximilian Scheer), S. 50 und 68 (Heinrich Mann) und S. 88 (Emil Ludwig).

[53] Andreas Hillgruber/Klaus Hildebrand: Kalkül zwischen Macht und Ideologie – Der Hitler-Stalin-Pakt. Parallelen bis heute?, Zürich – Osnabrück 1980; Sebastian Haffner: Der Teufelspakt. Die deutsch-russischen Beziehungen vom Ersten zum Zweiten Weltkrieg, Zürich 1988; Wolfgang Leonhard: Der Schock des Hitler-Stalin-Paktes, München 1989.

[54] Ein anschauliches Stimmungsbild der öffentlichen Meinung Frankreichs am Vorabend des Zweiten Weltkrieges vermittelt Thankmar von Münchhausen: Das letzte Fest. Paris bevor der Krieg ausbrach, in: FAZ 2.9.1989; dazu auch Herbert Lottmann: Der Fall von Paris, München 1994.

[55] Diese Episode berichtet Hirsch in einem Brief an den Vf. vom 3.12.1989. Zur Reaktion im linksintellektuellen Lager vgl. Albert H. V. Kraus: Vom Saarkampf zum Teufelspakt. Nicht alle Freiheitskämpfer verurteilten den Hitler-Stalin-Pakt, in: Das Parlament vom 12.1.1990.

[56] Apologetische Urteile über Stalins Terror zitiert Christian Strieffer: Überheblich und eitel. Wie deutsche Intellektuelle der sowjetischen Heilsideologie anheim fielen (Rez. J. J. Bachmann: Zwischen Paris und Moskau), in: FAZ vom 13.12.1995.

[57] Hirsch, Sam, S. 11.

[58] Vgl. ebd. S. 32 mit Zitat.

[59] Ebd. S. 32.

[60] Hierzu siehe Hirsch, Sam, S. 34f.; Hirsch, Leonhard, S. 31.

[61] Gernot Dallinger: Das französische Internierungslager Gurs (Rez. G. Mittag: Es gibt nur Verdammte in Gurs), in: Das Parlament vom 29.9.1995.

[62] Augenzeugenberichte in Johannes Obst: Gurs. Deportation und Schicksal der badisch-pfälzischen Juden (= Didaktisch-methodische Handreichung für weiterführende Schulen), Hemsbach über Weinheim 1986, S. 64.

[63] Hirsch, Sam, S. 32, 1122, 116 und 371.

[64] Faksimile ebd. S. 22.

[65] Näheres zu den Einreisemodalitäten ebd. S. 77, ferner in den Memoiren von Carl Zuckmayer: Als wär's ein Stück von mir. Horen der Freundschaft, Hamburg 1966, S. 528f. und in dem herausragend dokumentierten Band: Deutsche

Intellektuelle im Exil. Ihre Akademie und die „American Guild for German Cultural Freedom" (= Katalog zur Ausstellung des Deutschen Exilarchivs 1933-1945 der Deutschen Bibliothek, Frankfurt am Main), München – London – New York – Paris 1993, S. 489f. (fortan: Exil-Katalog).

[66] Hirsch, Sam, S. 11f. mit der deutschen Übersetzung des S. 370 als Faksimile wiedergegebenen Dankschreibens von Thomas Mann.

[67] Vgl. ebd. S. 13f.

[68] Exil-Katalog, S. 491.

[69] Faksimile ebd. S. 433.

[70] Kurzbiographie von O. G. Villard ebd. S. 60f., Zitat Löwenstein S. 61, übersetzt vom Vf.; vgl. auch Hirsch, Sam, S. 77-81.

[71] Details ebd. S. 13 (mit Zitaten) und 14; Dokumente zu den Verdächtigungen im Exil-Katalog, S. 490f.

[72] Dankschreiben Hirschs ebd. S. 492.

[73] Vgl. Hirsch, Sam, S. 14 mit Zitat; Faksimile der Reisepapiere S. 15f.

[74] Dazu ebd. S. 14, 31, 37 und 50. Ein literarisches Kleinod ist die Beschreibung der Marseiller Vorgeschichte der Überfahrt und der Landung im Hafen von New York, unweit der „Freiheitsstatue mit der äußeren Hässlichkeit und inneren Schönheit" (S. 81): Helmut Hirsch: Spätzündung, in: Literatur des Exils. Eine Dokumentation über die P.E.N.- Jahrestagung in Bremen vom 18. bis 20. September 1980, hg. von Bernt Engelmann, München 1981, S. 76-82.

[75] Hirsch, Sam, S. 37.

[76] Dankschreiben Hirschs im Exil-Katalog, Dok. 774, S. 492 f., Zitat 492.

[77] Die ersten Tage in Amerika schildert das Kapitel „New York, New York" bei Hirsch, Sam, S. 41ff.

[78] Vgl. hierzu ebd. S. 45ff., Kapitel „Auffanglager Himmelsinsel I", das folgende Zitat ebd. S. 46.

[79] Vgl. ebd. S. 55f., Zitate S. 55 und 56.

[80] Vgl. ebd. S. 69f. Zum Nachfolgenden vgl. Der Volksbrockhaus. Deutsches Sach- und Sprachwörterbuch für Schule und Haus. Neunte, verbesserte Auflage, Leipzig 1940, S. 107.

[81] Wir folgen hier Hirsch, Sam, S. 70f., Zitat ebd.

[82] Ebd. S. 73. Beispiele verbaler Rangeleien ebd. und S. 88.

[83] Diesen Schlüsselbrief, „in dem ein Schwergewichtsmeister einen Fliegengewichtler spielend fertigmacht" (S.80), überliefert Hirsch, Sam, S. 80f., Zitate ebd.
[84] Hierzu vgl. ebd. S. 81 und 88.
[85] Henry Kissinger: Stadt der Träume (Erinnerungen an seine Anfänge in New York), in: Welt am Sonntag vom 2.12.2001.
[86] Hirsch, Sam, S. 88, zum Folgenden S. 90 und 173; nach Sönke Neitzel: Hin und wieder sogar geteert und gefedert (Rez. von J. Nagler: Nationale Minoritäten im Krieg), in: FAZ vom 25.4.200, wurden während des Zweiten Weltkrieges 112.000 Japaner interniert.
[87] Zahlreiche Beispiele bei Hirsch, Sam, S. 87-90.
[88] Vgl. ebd. S. 135-138, zur Sprachenfrage S. 152.
[89] Vgl. ebd. S. 139f.
[90] Vgl. ebd. S. 88 und 90 (Zitat).
[91] Vgl. ebd. S. 90f., Zitate S. 91.
[92] Ebd. S. 93f., Zitate S. 94.
[93] Ebd. S. 81; das folgende Zitat S. 98.
[94] Ebd. S. 113.
[95] Vgl. ebd. S. 109ff., Zitate S. 111.
[96] Vgl. ebd. S. 112.
[97] Vgl. ebd. Kapitel „Wieder Student I", S. 99-107; zum Folgenden S. 121.
[98] Vgl. ebd. S. 113, 117-120.
[99] Vgl. ebd. S. 121ff.
[100] Hierzu ebd. S. 125ff., Zitat S. 125.
[101] Ebd. S. 127.
[102] Dazu ebd. S. 152f. und das Hirsch-Porträt eines US-Journalisten S. 371.
[103] Zum Vorausgehenden vgl. ebd. S. 129-133.
[104] Vgl. ebd. S. 134.
[105] Helmut Hirsch: The Saar Territory, Diss. University of Chicago 1945; Kernpassagen verwertet Helmut Hirsch: The Saar Plebiscite of 1935, in: The South Atlantic Quarterly, Jan. 1946, S. 13-30;
die deutsche Bearbeitung ist in zwei separaten Bänden erschienen. Helmut Hirsch: Die Saar in Versailles. Die Saarfrage auf der Friedenskonferenz von 1919 (= Rheinisches Archiv, Bd.42), Bonn 1952 (besprochen von Erwin Hölzle, in: Historische Zeitschrift 176, 1953, S. 147ff.) sowie Helmut

Hirsch: Die Saar in Genf. Die Saarfrage während des Völkerbundregimes von 1920-1935 (= Rheinisches Archiv, Bd.46), Bonn 1954 (besprochen von Paul Herre, in: Historische Zeitschrift 182, 1956, S. 235).

[106] Vgl. Herre, a.a.O., zit. ebd.; Hölzle, ebd. S. 148f.

[107] Dazu Kraus, Die Saarfrage, S. 48ff., 70ff.,179ff; ferner Albert H. V. Kraus: Die Europaidee als Politikum im Saarland der Nachkriegszeit. Von 1947 bis 1955 rivalisierten Europaparole und Nationalgedanke, in: Bergmannskalender 2002, Dillingen 2001, S. 76ff.

[108] Vgl. Hirsch, Sam, S. 159ff. und 166.

[109] Vgl. ebd. S. 281 und 329f: Als „rot" habe die Schule gegolten, da dort „Linke" und Idealisten wirkten; zum Folgenden S. 173.

[110] Vgl. ebd. S. 50; nach Detlef Junker: Franklin D. Roosevelt. Macht und Vision. Präsident in Krisenzeiten, Göttingen 1979, S. 121 sei Hitler für den Christen und liberalsozialen Demokraten F.D.R. „der Antichrist und Verderber der Menschheit schlechthin" gewesen. Zur Roosevelt-Dynastie neuerdings James Mac Gregor Burns/Susan Dunn: The three Roosevelts. The Leaders who Transformed America, London 2001.

[111] Hirsch, Sam, S. 175; Anmerkungen zur Persönlichkeit Trumans bei Jan Reifenberg: Als ob die Geschichte neu beginne. Wenn amerikanische Präsidenten das Amt von ihren Vorgängern übernehmen, in: FAZ vom 16.1.1993.

[112] Hierzu Hirsch, Sam, S. 176ff., besonders S. 179. Text der Petition in Walter Zadek (Hg.): Sie flohen vor dem Hakenkreuz. Selbstzeugnisse der Emigranten. Ein Lesebuch für Deutsche. Unter Mitarbeit von Christine Brink, Reinbek 1981, S. 240. Zur Genese und zum Echo siehe Helmut Hirsch: Emigranten fordern die Rettung der Deutschen. Zur Entstehung und Verkürzung eines Dokuments, in: Siegener Hochschulschriften, Jg.9, Oktober 1986, S. 33-44.

[113] Hirsch, Sam, S. 192f., Zitat S. 193. Zu den Hungerjahren im von Deutschland abgetrennten Saargebiet, die mit der Einführung des Frankens am 20. November 1947 endeten, vgl. Albert H. V. Kraus: Nach dem Ende der braunen Diktatur auf Umwegen zur Demokratie. Episoden, Gestalten und Schicksale aus dem Saarland (1945-1955), in: Saarbrücker Bergmannskalender 1996, Dillingen 1995, S. 125ff., besonders 132ff.

[114] Reiseeindrücke bei Hirsch, Sam, S. 287ff., Zitat S. 152. Bei Kriegsende titelte die New York Times „Köln leblos, Kathedrale steht". Die Chicago Times kommentierte, Köln biete die perfekte Illustration" dessen, was „totaler Krieg" bedeute: „totale Zerstörung"; beide Zitate aus Georg Bönisch: Alles öde. Köln nach dem Krieg, in: Die Deutschen nach der Stunde Null (= Spiegel-Special 1945-1948, Nr.4, 1995), S. 34.

[115] Vgl. Hirsch, Sam, S. 154ff., Zitat S. 157.

[116] Vgl. ebd. S. 288ff., Zitat S.288.

[117] Ebd. S. 289.

[118] Ebd. S. 281ff., beide Zitate S. 282. Hirschs Kulturvergleich verkennt bei aller Skepsis (S. 288) keineswegs die positiven Seiten der Amerikaner (S. 225 und 305).

[119] Siehe Hirsch, Sam, S. 153, Zitat bei Zadek, a.a.O., S. 240.

[120] Hirsch, Sam, S. 188. Bert Brecht hatte schon am 1. August 1943 im US-Exil einen Schriftsteller-Appell initiiert, der die US-Regierung bat, „scharf zu unterscheiden zwischen dem Hitlerregime und den ihm verbundenen Schichten einerseits und dem deutschen Volke andrerseits", zit. nach Frank Schirrmacher: Lob eines Kommunisten (Zum 100. Geburtstag von B. Brecht), FAZ-Leitartikel vom 10.2.1998.

[121] Zu einzelnen Aktivitäten vgl. die Übersicht bei Hirsch, Sam, S. 247 und 275-280.

[122] Vgl. ebd. S. 197 (Zitate) und S. 198 (folgendes Zitat).

[123] Ebd. S. 209.

[124] Zit. nach Verboten und verbrannt (Anm.8), S. 42.

[125] Vgl. Hirsch, Sam, S. 217ff. und 237ff.

[126] Zahlreiche Beispiele ebd. S. 187-194 in dem selbstkritisch überschriebenen Abschnitt „Bedenkliche Früchte preußischen Tatendrangs", Zitate S. 189 und 190.

[127] Vgl. ebd. S. 189f., Zitat S. 189.

[128] Vgl. ebd. S. 283f., Zitat S. 284.

[129] Ebd. S. 340.

[130] Drastische Fallschilderungen ebd. S. 343ff.

[131] Ebd. S. 265 und 280 mit folgendem Zitat.

[132] Exil-Katalog, S. 493.

[133] Vgl. Hirsch, Sam, S. 339.

[134] Vgl. ebd. S. 272: Strohm hatte ohne Hirschs Wissen einen Großteil seiner „mühsam auf Englisch zusammengebastelt(en)" Doktorarbeit ins Deutsche übertra-

gen.

[135] Näheres hierzu in: Eine kleine Verlagsgeschichte 1908-1998. 90 Jahre Rowohlt, Reinbek 1998, S. 9-15; Paul Mayer: Ernst Rowohlt. Mit Selbstzeugnissen und Bilddokumenten, 2. Auflage, Reinbek 1995, S. 150-159.

[136] Hirsch, Sam, S. 264.

[137] Ebd. S. 278, das folgende Zitat S. 366. Zu Gisèle Freund vgl. Wilfried Wiegand: Masken von Gesichtern reißen – und den kostbaren Augenblick festhalten (Zum 90. Geburtstag), in: FAZ vom 19.12.1998; Ders.: GF – Auf dem Montparnasse (Nachruf), in: FAZ vom 18.4.2000.

[138] Vgl. Exil-Katalog, S. 493; Hermann Rudolph: Im Gegenstrom. Helmut Hirsch siebzig Jahre alt, in: FAZ vom 2.9.1977, Zitat ebd.

[139] Hirsch, Sam, S. 193.

[140] Vgl. ebd. S. 17f., Zitat S. 18. Die eklatanten wirtschaftlichen und sozialen Unterschiede im „Land der unbegrenzten Gegensätze" dominieren die deutsche Amerika-Kritik, vgl. etwa Rolf Winter: Ami go home. Plädoyer für den Abschied von einem gewalttätigen Land, München 1992, S. 102ff. („Money talks"), oder Josef Haslinger: Das Elend Amerikas. Elf Versuche über ein gelobtes Land, Frankfurt a. M. 1992, S. 46ff.

[141] Siehe dazu den instruktiven Essay von Leo Wieland: Hand aufs Herz und schon Amerikaner, in: FAZ vom 4.11.2000, Zitat ebd.; die Ambivalenz der amerikanischen Ideale beleuchten ohne ideologisches Eiferertum Dieter Kronzucker/Klaus Emmerich: Das amerikanische Jahrhundert, Düsseldorf-Wien-New York 1989, S. 17ff. („Das Streben nach Glückseligkeit") und 52ff. („Traum und Alptraum").

[142] Hirsch, Sam, S. 51.

[143] Vgl. ebd. S. 75 und 296.

[144] Herausragende Gestalten der amerikanischen Bürgerrechtsbewegung porträtiert Britta Waldschmidt-Nelson: Martin Luther Kind – Malcolm X. Gegenspieler, Frankfurt a.M. 2000; Albert H. V. Kraus: Der Traum von Brüderlichkeit zwischen Schwarz und Weiß. Vor 30 Jahren wurde Martin Luther King ermordet, in: Luxemburger Wort vom 4.4.1998.

[145] Hirsch, Sam, S. 143ff., 249f. und 293.

[146] Ebd. S. 274.

[147] Zum Mythos des Einwanderungslandes vgl. Winter, a.a.O., S. 157ff (eher skeptisch-polemisch) und Kronzucker/Emmerich, a.a.O., S. 92 ff. (eher sachlich).

[148] Vgl. Richard Wagner: Amerika am Abgrund (Rez. Chr. Tenbrock: Amerika – wohin), in: FAZ vom 19.9.1996.

[149] Hirsch, Sam, S. 218 und 288.

[150] Die Bandbreite des vielfach durch jüdische Emigranten vermittelten amerikanischen Kultureinflusses beleuchtet Hans-Peter Schwarz: Die Ära Adenauer. Gründerjahre der Republik 1949-1957, Stuttgart-Wiesbaden 1981, S. 425ff.; zu den deutsch-amerikanischen Beziehungen im 20. Jahrhundert vgl. Philipp Gassert: Amerika im Dritten Reich. Ideologie, Propaganda und Volksmeinung 1933-1945, Stuttgart 1997; ferner Detlef Junker (Hg.): Die USA und Deutschland im Zeitalter des Kalten Krieges. Ein Handbuch, 2 Bde., Stuttgart-München 2001.

[151] Demoskopischen Umfragen zufolge beharrten die Deutschen im ersten Nachkriegsjahrzehnt auf ihrem Bild von den Amerikanern als zivilisatorisch führender, zugleich aber kulturell tiefstehender Nation; vgl. dazu Axel Schildt: Sind die Westdeutschen amerikanisiert worden?, in: Aus Politik und Zeitgeschichte, B 50/2000, vom 8. Dezember 2000.

[152] Vgl. Hirsch, Sam, S. 343ff., die zit. Verse ebd.

[153] Vgl. ebd. S. 47, 288 und 303 (Zitat).

[154] Ebd. S. 225, zum Folgenden S. 282 (Zitat) und 305.

[155] Ebd. S. 175.

[156] Ebd. S. 220.

[157] Ebd. S. 14.

[158] Vgl. ebd. S. 225, Zitat S. 38 und in Hirsch, Spätzündung (wie Anm. 74), S. 82.

[159] Engels-Zitat nach Hirsch, Zur Genesis (wie Anm. 33), S. 360f. (Schreibweise modernisiert); Goebel-Zitat nach Helmut Böger: Der Geehrte dankt mit der Liebe zur Stadt, in: Neue Ruhr Zeitung, Wuppertal, vom 24.2.1975.

[160] Helmut Hirsch: Friedrich Engels. In Selbstzeugnissen und Bilddokumenten (= rowohlts monographien, Bd. 142), Reinbek 1968, alle Zitate nach der 10. Auflage 1993. Die koreanische Ausgabe erschien 2000.

[161] Vgl. ebd. S. 127f., Zitat S. 128.

[162] Vgl. ebd. S. 135, 127, 117 (Vorurteile), 115 (Prognosen), 100-103 (Eroberungen), 104 (Stil der Kritik).

[163] Ebd. S. 23f.

[164] Vgl. ebd. S. 39ff., Zitat S. 40.

[165] Vgl. ebd. S. 48ff., Zitate S. 50 und 48.

[166] Helmut Hirsch: Amerikanische Aspekte im Leben und Werk von Karl Marx. Vortrag im Haus des Corps Palatina zu Bonn am 3. Mai 1983. Hg. von Herman Lohausen, Düsseldorf 1986, S. 35.

[167] Hirsch, Engels, S. 35.

[168] Vgl. Arnold Künzli: Friedrich Engels – die zweite Geige (Rez. H. Hirsch: Friedrich Engels), in: Frankfurter Rundschau vom 31.8.1968, alle Zitate ebd.

[169] Helmut Hirsch: August Bebel. In Selbstzeugnissen und Bilddokumenten (= rowohlts monographien, Bd. 196), Reinbek 1973, zitiert nach der Neuausgabe 1988.

[170] Vgl. Helmut Hirsch: Der Schattenkaiser der Arbeiter (Rez. W. H. Maehl: August Bebel), in: FAZ vom 14.4.1982.

[171] Vgl. Hirsch, Bebel, S. 7 (Zitat), S. 18ff. und 22ff.("Ein Selfmademan").

[172] Vgl. Hirsch, Sam, S. 338.

[173] Zitat bei Hirsch, Schattenkaiser (Anm. 170) und Hirsch, Bebel, S.100; vgl. ferner Helmut Hirsch: Vom Zarenhaß zur Revolutionshoffnung – Das Russlandbild der deutschen Sozialisten, in: Mechthild Keller (Hg.): Russen und Russland aus deutscher Sicht. 19./20. Jahrhundert: Von der Bismarckzeit bis zum Ersten Weltkrieg. Unter Mitarbeit von Karl-Heinz Korn, München 2000, S. 244-274, zu Bebel: S. 253ff.

[174] Hirsch, Bebel, S. 86f.

[175] Vgl. ebd. S. 87 mit Zitat. Nachdruck der „Vorrede zur vierunddreißigsten Auflage" in der mir vorliegenden Ausgabe August Bebel: Die Frau und der Sozialismus, 59. Auflage, Berlin 1946, S. 29f.

[176] Hirsch, Bebel, S. 58.

[177] Ebd. S. 88 und 90.

[178] Ebd. S. 109.

[179] Hirsch, Sam, S. 249, 78 (Vorväter und –mütter), 299 (jeder, jede; man, frau), 366 (Deutschin); ferner Helmut Hirsch: Bettine von Arnim. In Selbstzeugnissen und Bilddokumenten (= rowohlts monographien, Bd. 396), Reinbek 1987, zitiert nach der 5. Auflage 1998, S. 128 (Vater- und Mutterstadt). Die französische Ausgabe erschien 1992.

[180] Hierzu Bebel, Die Frau, S. 353ff., bes. S. 375ff.; ferner Helmut Hirsch: Hinweis (auf Brigitte Brandts biographische Einleitung zur Neuausgabe der Memoiren Bebels: Aus meinem Leben), in: FAZ vom 17.3.1986.

[181] Helmut Hirsch: Rosa Luxemburg. In Selbstzeugnissen und Bilddokumenten (= rowohlts monographien, Bd. 158), Reinbek 1969, zitiert nach der 19. Auflage 1998. Übersetzungen: holl. 1970, span. 1974, katalan. 1992, korean. 1997. zum Bucherfolg Hirsch, Sam, S. 54.

[182] Hirsch, Luxemburg, S. 7 (Zitat) und 126ff.

[183] Ebd. S. 18ff. und 144 (Zitat Kautsky).

[184] Ebd. S. 7. Bewundernd zitiert Hirsch S. 120 „das Großartige" ihrer „Vision" und Prophetengabe bezüglich des Ebert-Scheidemann-Kurses, hinter dem sie schon beim KPD-Gründungsparteitag Ende Dezember 1918 die Schatten Hindenburgs (als Reichspräsident) und Hitlers erahnt habe.

[185] Vgl. ebd. S. 146 (Zitat Havemann).

[186] Helmut Hirsch: Eifer und Idylle – Rosa Luxemburgs Briefe (Rez. Rosa Luxemburg. Gesammelte Briefe, Bd.6, Hg. A. Laschitza), in: FAZ vom 14.3.1994, Zitat ebd.

[187] Hirsch, Luxemburg, S. 147 (Zitat Fetscher), 122 (Wahlen). Zur Luxemburg-Briefmarke vgl. Helmut Hirsch: Das Bild der Dame. Streit um eine Revolutionärin, in: Die Zeit vom 28.12.1973, Zitat zum Radikalismus ebd.

[188] Dies belegt etwa die öffentliche Debatte infolge des PDS-Vorschlags zur Wiedererrichtung des Liebknecht-Luxemburg-Denkmals in Berlin: Vgl. die Leserzuschriften in FAZ vom 19.,29.1. und 12.2.2002 sowie Jochen Staadt: Kämpferin für die Weltrevolution (Rez. M.Scharrer: Freiheit ist immer ... Die Legende von Rosa & Karl), in: FAZ vom 25.3.2002.

[189] Vgl. Max Metzger: Malte kein Heiligenbild, in: Düsseldorfer Nachrichten vom 15.1.1970.

[190] Franz Brunner: Eine „menschliche" Rosa Luxemburg, in: Tages-Anzeiger, Zürich, vom 12.11.1969.

[191] Vgl. Monica Blöcker: Rosa Luxemburg... , in: Profil, Zürich, 11/1969.

[192] Hirsch, Luxemburg, S. 130.

[193] Vgl. Dirk H. Fröse: Immer noch unzufrieden. Professor Helmut Hirsch erhielt den Von-der-Heydt-Preis, in: Generalanzeiger Wuppertal vom 26.2.1975.

[194] Hirsch, Bettine (wie Anm. 179).

[195] Dazu Gerhard Schulz: Auf Goethes Schoß (Rez. H.Hirsch: Bettine von Arnim), in: FAZ vom 22.8.1987; Goethe-Zitat nach Walter Hinck: Du liebenswürdige Giraffe! (Rez. Briefwechsel Bettine von Arnim und Hermann von Pückler-Muskau), in: FAZ vom 17.4.2001.

[196] Helmut Hirsch: Sophie von Hatzfeldt. In Selbstzeugnissen, Zeit- und Bilddokumenten, Düsseldorf 1981.
[197] So W.O. Henderson: Reichsgräfin unter Proleten. Vorkämpferin der Frauenrechte (Rez. H.Hirsch, Sophie von Hatzfeldt), in: Die Welt vom 13.2.1982.
[198] Siehe die ausführliche Dokumentation bei Hirsch, Hatzfeldt, S. 107-183.
[199] Vgl. Helmut Trotnow: Abgründe der Biedermeierzeit. Die Scheidung der Sophie von Hatzfeldt als politischer Prozeß (Rez. H.Hirsch, Sophie von Hatzfeldt), in: Süddeutsche Zeitung vom 1.4.1982.
[200] Julius H. Schoeps: Wie sich eine Adelige von Abhängigkeiten emanzipiert (Rez. H. Hirsch: Sophie von Hatzfeldt), in: FAZ vom 16.2.1982, Zitate ebd.
[201] Hirsch, Hatzfeldt, S. 61.
[202] Vgl. Trotnow, a.a.O., Hirsch, Hatzfeldt, S. 198; das folgende Zitat auf dem hinteren Buchdeckel.
[203] Ebd. S. 64 (Zitat Marx) und S. 66.
[204] Vgl. A. Götz von Olenhusen: Lassalles Gefährtin (Rez. H. Hirsch: Sophie von Hatzfeldt), in: Die Zeit vom 8.1.1982. Zum Folgenden vgl. Trotnow, a.a.O.. und Hirsch, Hatzfeldt, S. 76.
[205] Es handelte sich dabei um die Vorlesung „Marx und Marxismus" von Prof. Dr. Jenö Kurucz im Wintersemester 1969/70, Vorlesungsverzeichnis der Universität des Saarlandes in Saarbrücken, WS 69/70, Nr.420. Von den unerquicklichen Begleitumständen der Zeit der sog. Studentenrevolte nach 1968 wie Vorlesungsboykotts und Zeitungsverbrennungen auf dem Campus ist in der neueren Literatur zur Saar-Universität weder im Text noch im Bild die Rede. Siehe dazu: Universität des Saarlandes 1948-1988, hg. im Auftrag des Universitätspräsidenten von Armin Heinen und Rainer Hudemann, 2. erweiterte Auflage, Saarbrücken 1989; Die Universität des Saarlandes. Impressionen aus über 50 Jahren, hg. von Wolfgang Müller, Erfurt 2002 (kommentierter Bildband).
[206] Siehe Anm. 166.
[207] Helmut Hirsch: Marx und Moses. Karl Marx zur Judenfrage und zu Juden (= Judentum und Umwelt, Bd.2), Frankfurt a. M.-Bern-Cirencester/U.K. 1980, S.7.
[208] Vgl. Hirsch, Amerikanische Aspekte, S. 39ff.
[209] Ebd. S. 33f., Zitat S. 34.
[210] Vgl. Helmut Hirsch: Bühnenkünstlerin mit Hang zur Politik (Rez. Ch. Tsuzuki: Eleanor Marx), in: Die Welt vom

13.2.1982, Zitate ebd.

[211] Hirsch, Amerikanische Aspekte, Zitate S. 17 und 30.

[212] Dazu äußert sich Helmut Hirsch: Quellen einer intimen Biographie. Unveröffentlichte Briefe der Töchter von Karl Marx (Rez. Karl Marx in seinen Briefen und Die Töchter von Karl Marx), in: FAZ vom 6.1.1982. Den Gifttod von Eleanor („Tussy") Marx erwähnt Helmut Hirsch: Karl Marx' Töchter in Irland (Rez. Ch. Tsuzuki, wie Anm. 210, nicht textgleich), in: FAZ vom 1.9.1981.

[213] Helmut Hirsch: Marx und die Frauen, in: Marx heute. Pro und contra. Hg. von Ossip K. Flechtheim, Hamburg 1983, S. 228ff.; ferner Hirsch, Amerikanische Aspekte, S. 31.

[214] Vgl. ebd. S. 34.

[215] Vgl. ebd. S. 30, 37f.

[216] Hirsch, Marx und Moses, S. 122.

[217] Vgl. Fritz J. Raddatz: Karl Marx. Eine politische Biographie, Hamburg 1975, S. 256ff.

[218] Hirsch, Marx und Moses, S. 122.

[219] Raddatz, a. a. O. S. 282.

[220] Ebd. S. 283 sowie Hirsch, Marx und Moses, S. 123 mit dem Versuch einer Erklärung.

[221] Hirsch, ebd. und S. 127.

[222] Ebd. S. 7. Ähnlich äußert sich Helmut Hirsch: Marx-Kenner Begin (Leserzuschrift), in: FAZ vom 16.5.1981. Text der „Kölner Petition" in: Hirsch, Marx und Moses, S. 144f.

[223] Der Archivfund löste ein lebhaftes Presse-Echo aus: Westdeutsche Allgemeine Zeitung vom 27.6.1977, Rheinische Post und Neue Ruhr Zeitung vom 21.6.1977, Landtag intern (Düsseldorf) vom 13.6.1977.

[224] Hirsch, Marx und Moses, S. 98.

[225] Helmut Hirsch: Friedrich-Engels-Legende (Leserzuschrift), in: FAZ vom 19.3.1981; hierzu auch Hirsch, Engels, S. 97 und 129 (Abbildung Gedenkstein Engels).

[226] Hirsch, Amerikanische Aspekte, S. 40.

[227] Maximilien Rubel: Die Marx-Legende oder Engels als Begründer, in: Im Gegenstrom. Hg. von Horst Schallenberger und Helmut Schrey. Für Helmut Hirsch zum Siebzigsten, Wuppertal 1977, S. 20. Näheres zur Biographie und Marx-Deutung Rubels bei Helmut Hirsch: Die gefährdete Marx-Engels-Gesamtausgabe (ausführliche Leserzuschrift), in: FAZ vom 23.5.1991. Nachruf (Note nécrologique) auf Rubel in: Le

Monde, Paris, vom 1.3.1996.

[228] Helmut Hirsch: Geschickt angerichtet, aber voll peinlicher Fehler (Rez. F.J.Raddatz: Karl Marx), in: FAZ vom 5.5.1975; ferner Hirsch, Sam, S. 361.

[229] Vgl. Rubel, a.a.O., S. 19f., Zitate ebd., das folgende Briefzitat S. 21, Anm. 3. Zu den Opfern des Marxismus-Leninismus-Stalinismus vgl. Stéphane Courtois u.a. (Hg.): Das Schwarzbuch des Kommunismus. Unterdrückung, Verbrechen und Terror, München 1998; Horst Möller (Hg.): Der rote Holocaust und die Deutschen. Die Debatte um das „Schwarzbuch des Kommunismus", München-Zürich 1999; Albert H. V. Kraus: Auf den blutigen Spuren der totalitären Sowjetideologie, in: Bergmannskalender 2000, Dillingen 1999, S. 95-99.

[230] Ausgewählte, behutsam gedeutete Beispiele bei Hirsch, Marx und Moses, S. 121ff. Auch in der Rez. von Anm. 210 moniert Hirsch Marxens „häufige Ausfälle gegen ihm unangenehme Menschen jüdischer Herkunft oder Zugehörigkeit."

[231] Hierzu einige neuere Titel. Sonja Margolina: Opfer und Akteure. Eine Untersuchung über den Antisemitismus in der frühen Sowjetunion (Rez. M. Vetter: Antisemiten und Bolschewiki), in: FAZ vom 7.2.1996; Leonid Luks: „Kulturozid" mit mörderischen Mitteln (Rez. A. Lustiger: Stalin und die Juden), in: FAZ vom 26.11.1998; Michael Ludwig: Gegen Stalinismus, Deutschenhaß und Judenhaß. Gedenken an den polnischen Primas Kardinal Wyszynski, in: FAZ vom 6.6.2001.

[232] Hirsch, Marx und Moses, S. 104-137, bes. S. 121ff., Zitat S. 127.

[233] Lucienne Netter (Rez. Hirsch: Marx und Moses), in: Bibliographie critique, H.1, 1981, S. 80.

[234] Heinz Pächter (Rez. Hirsch: Marx und Moses), in: Westdeutscher Rundfunk, WDR 3, Radio, undat. Manuskript S. 2.

[235] Siehe „Wuppertaler Kulturpreis für Prof. Helmut Hirsch", in: Rheinische Post vom 18.12.1974.

[236] Helmut Hirsch: Ein Mann von Format. Karl Marx starb vor 100 Jahren in seinem Londoner Exil. Interview, in: Westdeutsche Zeitung vom 12.3.1983.

[237] Konrad Löw ist als Autor verschiedener Standardwerke hervorgetreten, u.a. Warum fasziniert der Kommunismus? 4. Auflage, Köln 1983; Die Lehre des Karl Marx. Dokumentation. Kritik, Köln 1982; Der Mythos Marx und seine Macher. Wie aus Geschichten Geschichte wird, 2. Auflage, München

2000.

[238] Helmut Hirsch: Experiment in Demokratie. Zur Geschichte der Weimarer Republik, Wuppertal 1972.

[239] Vgl. Giselher Schmidt: Experiment in Demokratie (Rez. H. Hirsch, wie Anm. 238), in: Das Parlament vom 7.7.1973.

[240] Vgl. Hirsch, Experiment, S. 56f., Zitate S. 57; zu Sedan siehe oben Anm. 18.

[241] Ebd. S. 29.

[242] Ebd. S. 29.

[243] Siehe Anm. 6. Zur Werks- und Wirkungsgeschichte von „Uncle Tom's Cabin" äußerte sich anläßlich des 100. Todestages der Romanautorin (Harriet Beecher Stowe) Gernot Kramper: Die Sünde der Sklaverei, in: FAZ vom 1.7.1996.

[244] Barbara Suchy (Rez. Helmut Hirsch: Onkel Sams Hütte), in: Düsseldorfer Jahrbuch, Bd.68, 1997, S. 277ff., Zitat S. 277.

[245] Vgl. hierzu Anm. 33; Zitat aus der Ansprache von Prof. Dr. Kleber bei der Verleihung der Promotionsurkunde in Leipzig.

[246] Suchy, a. a. O., S. 278.

[247] Hirsch, Sam, S. 111.

[248] Ebd. S. 10.

[249] Leo Glückselig: Gottlob kein Held und kein Heiliger! Ein Wiener „Jew-boy" in New York. Hg. und mit einem Nachwort von Daniela Ellmauer und Albert Lichtblau, Wien 1999, S. 295.

[250] Johannes Rau: Ein liberaler Sozialist – ein Entdecker. Grußwort in: „ ... die Welt bewegen, das will ich." Festschrift für Prof. Dr. Helmut Hirsch zum 80. Geburtstag (= Internationales Jahrbuch der Bettina-von-Arnim-Gesellschaft, hg. von Dr. Uwe Lemm, Bd.2), Berlin 1988, S. 1-74, Zitat S. 10.

[251] Vgl. Hirsch, Sam, S. 54.

[252] Ebd. S. 85.

[253] Ein publizistisch-politisches Porträt des „Rheinischen Merkur" bietet Albert H. V. Kraus, Die Saarfrage (wie Anm. 1), S. 13-16; zu P. W. Wenger ebd. S. 198f., 202-205.

[254] Hirsch, Sam, S. 351.

[255] Ebd. S. 17. Die „vorbildliche Toleranz" des „Rheinischen Merkur" rühmt Hirsch, Amerikanische Aspekte, S. 29.

[256] Siehe Hirsch, Sam, S. 14.

[257] Ebd. S. 17.
[258] Siehe den bemerkenswert milde gestimmten Abschlußbericht (mit den Zitaten) von Helmut Hirsch: Wie es einem Nazigeschädigten ergangen ist. Meine Erfahrungen mit der Wiedergutmachung, in: Rheinischer Merkur vom 22.5.1964.
[259] Hirsch, Sam, S. 170 (Zitat) und 367. Marcel Reich-Ranicki: Über Ruhestörer. Juden in der deutschen Literatur. Erweiterte Neuausgabe, München 1993, S. 78.
[260] Heine-Gedicht „Jetzt wohin", Strophen 5 und 6, zit. nach: Heinrich Heine. Sämtliche Schriften. Hg. von Klaus Briegleb, Bd.11, München-Wien 1976, S. 101.
[261] Heinrich Heine: Reise von München nach Genua, Kap. XXXI, Schlusssatz, zit. nach: Heines Werke in neun Teilen, Achter Teil, hg. von Erwin Kalischer und Raimund Pissin, Berlin-Leipzig o. J., Verlagshaus Bong & Co., S. 68. Zur „Großmacht Heine" vgl. Fritz J. Raddatz: Taubenherz und Geierschnabel. Heinrich Heine. Eine Biographie, Weinheim-Berlin 1997, S. 174; ferner Raddatz, Karl Marx (wie Anm. 217), S. 67ff. und 430.
[262] Hirsch, Blau-Weiß, S. 163. Zum Folgenden vgl. Helmut Hirsch: Siegfried Thalheimer und die „Düsseldorfer Lokalzeitung". Eine Emigrations- und Remigrationsstudie, in: Düsseldorfer Jahrbuch, Bd. 63, 1991, S. 167-186.
[263] Vgl. ebd. S. 176 und 172ff. mit Auszügen aus der NS-Pressekampagne gegen Thalheimer.
[264] Ebd. S. 168f.
[265] Vgl. ebd. S. 177f., Zitat ebd.
[266] Vgl. ebd. S. 176f., 183 und 186; ferner Hirsch, Sam, S. 59. Zum Folgenden vgl. Helmut Hirsch: Siegfried Thalheimer und die Widerstands-Wochenzeitung *Westland*, in: Bilanz Düsseldorf '45. Kultur und Gesellschaft von 1933 bis in die Nachkriegszeit. Hg. von Gertrude Cepl-Kaufmann, Winfried Hartkopf und Winrich Meiszies unter Mitarbeit von Michael Matzigkeit, Düsseldorf 1992, S. 221f. und 227 (Teilfaksimile des Thalheimer-Beitrags „Die deutschen Juden").
[267] Vgl. Hirsch, Thalheimer, S. 170 und 178f.
[268] Helmut Hirsch: Siegfried Thalheimer – An exile from the Third Reich who returned to Germany (= Vortrag vom 10. Januar 1979 an der Monash University in Clayton, Victoria, Australien, zu Ehren des 80. Geburtstages von S. Thalheimer), 17 Seiten Typoskript, Zitat S. 17, übersetzt vom Vf.
[269] Ebd. S. 5.

[270] Vgl. Albert H. V. Kraus: Hubertus Prinz zu Löwenstein (1906-1984) und sein Einsatz für die Saar, in: Zeitschrift für die Geschichte der Saargegend, Jg. 38/39, 1990/91, S. 148ff.; Wiederabdruck einer modifizierten, mit zahlreichen Abbildungen angereicherten Fassung unter dem Titel „Mit Leidenschaft und Mut für Freiheit und Demokratie", in: Saarbrücker Bergmannskalender 1992, Dillingen 1991, S. 147-164; Anmerkungen zu und Auszüge aus der Zeitung „Das Reich" in: Exil-Katalog, S. 48-51.

[271] Vgl. Exil-Katalog, S. 59.

[272] Hirsch, Sam, S. 63, spricht von „92 Visaschützlingen der American Guild", deren „letzter Mohikaner" nach dem Tode von Hans Sahl (1902-1993) nun er sei.

[273] Exil-Katalog, S. 485.

[274] Vgl. ebd. S. 54f. mit Zitaten.

[275] Näheres bei Kraus, Löwenstein, S. 157ff., Zitate S. 157 und 158. Als Publizist wurde auch Prinz Löwenstein Opfer der von der Hoffmann-Regierung geübten Pressezensur, vgl. Albert H. V. Kraus: Ohne das Recht auf Kritik sind auch Lobesworte wertlos – Pressezensur und Zeitungsverbote im Saarland bis 1955, in: Saarbrücker Bergmannskalender 1998, Dillingen 1997, S. 50ff., bes. 52 mit Presse-Faksimile.

[276] Vgl. Hirsch, Sam, S. 278.

[277] Hirsch, Amerikanische Aspekte, S. 7.

[278] Exil-Katalog, S. 1; die knappe psychologische Selbstanalyse in Hirsch, Sam, S. 29, bestätigt Adornos Diktum.

[279] Wolfgang Frühwald: Meine Heimat ist die Erde, die Welt mein Vaterland. Exilgeschichte als eine Geschichte der Angst, in: FAZ vom 5.6.1993.

[280] Deren Wirken beleuchtet in einer eindrucksvollen Darstellung der langjährige Mitarbeiter und Vertraute von Prinz Löwenstein und Geschäftsführer der Akademie Volkmar Zühlsdorff: Deutsche Akademie im Exil. Der vergessene Widerstand, Berlin 1999; zu Thomas Mann ebd. S. 81ff.

[281] Hirsch, Sam, S. 58. Zur Diskussion um die verschiedenen Spielarten von Emigration siehe Peter Michelsen: Wohin ich gehöre. Thomas Mann und die „innere Emigration", in: FAZ vom 2.6.1995.

[282] Hirsch, Sam, S. 57f., Zitat S. 58.

[283] Ebd.

[284] Ebd. S. 176ff., beide Zitate S. 177.

[285] Vgl. Schirrmacher (wie Anm. 120) mit Zitat.

[286] Vgl. Christoph Bartmann: Nicht unbedingt Thomas Mann (Rez. J. Hermann/W. Lange: „Wollt ihr Thomas Mann wiederhaben?"), in: FAZ vom 1.7.1999; Stephan Stachorski: Fragile Republik. Thomas Mann und Nachkriegsdeutschland, Frankfurt a.M. 1999.

[287] Siehe oben Anm. 225 bis 227.

[288] Dies bestätigt Hirschs Randbemerkung vom 4.8.2000 zu meinem Brief vom 16.7.2000. Ich bezog mich darin auf Steffen Kaudelka: Ein Lebenslauf mit Geschichte (über die Historikerin Hedwig Hintze, 1884-1942), in: FAZ vom 10.10.1998. Die jüdische Privatdozentin war im September 1933 aus dem Hochschuldienst entlassen worden und hatte im holländischen Exil, in Depression versunken, ihrem Leben ein Ende gesetzt.

[289] Vgl. Hirsch, Sam, S. 94f.

[290] Festschrift Hirsch (wie Anm. 250), S. 91.

[291] Helmut Hirsch (Hg.): Friedrich Engels. Profile. Eine Auslese aus seinen Werken und Briefen. Mit einem Geleitwort von Johannes Rau und einem Gespräch mit Gunver Brennscheidt, geb. Engels, Wuppertal-Barmen 1970; Helmut Hirsch: Lehrer machen Geschichte. Das Institut für Erziehungswissenschaften und das Internationale Schulbuchinstitut. Ein Beitrag zur Kontinuitätsforschung, Ratingen-Wuppertal-Kastellaun 1971.

[292] Vgl. Manfred Funke: Willy Brandts Emigration im Spiegel deutscher Zeitgeschichte (Rez. H.G. Lehmann: In Acht und Bann, wie Anm. 1), in: Das Parlament vom 6.1.1977; Zitat bei Hirsch, Sam, S. 349.

[293] Ebd.

[294] Helmut Hirsch: August Bebel. Sein Leben in Dokumenten, Reden und Schriften. Mit einem Geleitwort von Willy Brandt, Köln-Berlin 1968.

[295] Vgl. Hirsch, Sam, S. 361.

[296] Diese Episode überliefert Joachim Mahrholdt: Sein Leben lang gegen den Strom (Zu Hirschs 70. Geburtstag), in: Neue Ruhr Zeitung vom 3.9.1977.

[297] Dazu Wilhelm Heinrich Rey: Du warst gut zu mir, Amerika! Roman einer gewagten Emigration, Frankfurt a. M. 1999, S. 164ff.

[298] Hirsch, Sam, S. 176.

[299] Hirsch, Experiment, S. 168.

[300] Hirsch, Sam, S. 105.

[301] Vgl. Helmut Hirsch: „Die Geschichtsbuchwunden": Zum Deutschlandbild im DDR-Lehrbuch, in: Reinhard Sprenger (Hg.): Das Deutschlandbild in internationalen Geschichtsbüchern, Kastellaun 1976, S. 62: Er vermisst dort einen weiblichen Ranke, Mommsen, Treitschke, Schieder, Conze.

[302] Diese Termini finden sich etwa bei Hirsch, Sam, S. 54, 121 und 178, auch bei Hirsch, Amerikanische Aspekte, S. 9.

[303] Vgl. Hirsch, Sam, S. 140, 233 und 368 mit einer als Federzeichnung angefertigten Hirsch-Studie der Künstlerin.

[304] Siehe Anm. 213; Zitat bei Rolf Schneider: Sie kommen nicht los von Marx (Rez. Marx heute: Pro und contra, wie Anm. 213), in: Die Zeit vom 11.3.1983.

[305] Vgl. Hirsch, Amerikanische Aspekte, S. 36.

[306] Hirsch, Sam, S. 30.

[307] Vgl. Hirsch, Blau-Weiß, S. 156, Zitate ebd.

[308] Im „Fall Schoeps" vermischten sich politische Animositäten mit akademischen Ränkespielen und ministerialbürokratischem Taktieren. Das beleuchtet en détail der in Potsdam lehrende Sohn von H.J. Schoeps. Julius H. Schoeps: „Nil inultum remanebit": Die Erlanger Universität und ihr Umgang mit dem deutsch-jüdischen Remigranten Hans-Joachim Schoeps (1909-1980), in: Zeitschrift für Religions- und Geistesgeschichte, 52, 2000, S. 266-278, bes. S. 266, 270f. und 276ff. , Zitat S. 276.

[309] Vgl. Hirsch, Sam, S. 209f.

[310] Vgl. Hirsch, Geschicke, S. 168.

[311] Siehe Albert H. V. Kraus: Kein Recht auf „Empfindlichkeiten"? (Zum Streit um den von Jörg Hafkemeier produzierten Film „Hitler kriegt die Saar nicht" des Saarländischen Rundfunks), in: Sonntagsgruß. Evangelisches Wochenblatt an der Saar vom 12.12.1982; außerdem Hirsch, Sam, S. 29.

[312] Vgl. Hirsch, Blau-Weiß, S. 174 mit Zitat.

[313] Zum Vorausgehenden vgl. Albert H. V. Kraus: Merkwürdigkeiten um die SR-Dokumentation zur Saar-Abstimmung 1935, in: Saarheimat, H.4, 1983, S. 74ff., Zitat S. 75. Auch der Memoirenschreiber pocht auf dem Umstand, „als anerkannter politischer" und nicht „als ethnischer Flüchtling (...), also als ‚Jude'" emigriert zu sein: Hirsch, Sam, S. 80.

[314] Siehe oben Anm. 277.

[315] Vgl. Hirsch, Sam, S. 58f. ; Hirsch, Blau-Weiß, S. 163,

bes. Anm.67.

[316] Vgl. etwa Hirsch, Sam, S. 210, 278 und 367.

[317] Vgl. Kraus, Helmut Hirsch (wie Anm. 37), dazu: Hirsch, Sam, S. 278; außerdem Albert H. V. Kraus: Kämpfer gegen Unfreiheit und Totalitarismus – Helmut Hirsch: Ein Wanderer zwischen den Welten, in: Bergmannskalender 1999, Dillingen 1998, S. 83-86, Wiederabdruck unter dem Titel „Helmut Hirsch und die Saarfrage" in Lothar Lindenau (Hg.): Die Cantador-Medaille und ihre Träger 1993-1998. Eine Dokumentation, Düsseldorf 1999, S. 58-61.

[318] Ausführliche Presseberichte in FAZ, Neue Ruhr Zeitung (Wuppertal) und Generalanzeiger (Wuppertal) vom 24.2.1975.

[319] Zum Vorausgehenden siehe Clemens Amelunxen: Laudatio für Helmut Hirsch, in: Lindenau, a.a.O., S. 47.

[320] Schr. Hirsch an Lafontaine vom 13.6.1985, Durchschlag in meinem Besitz.

[321] Ausstellungsberichte von Helmut Böger: Einer, der es weder leicht hatte noch leicht machte, in: Neue Rhein-Zeitung vom 5.7.1975, Zitat ebd., und Lore Schaumann: Ertrag eines Heimkehrers, in: Rheinische Post vom 22.77.1975, das folgende Gedicht-Zitat ebd.

[322] Vgl. Festschrift zum 70. Geburtstag (Anm. 227 mit einer von Adelheid Quaasdorf besorgten Teilbibliographie der Schriften Hirschs, S. 227-247), vgl. dazu E.L. Ihne: Ein „Gastarbeiter aus den USA", in: Düsseldorf. Das Magazin der Landeshauptstadt, 4-77.

[323] Vgl. Festschrift zum 80. Geburtstag (Anm. 250 mit einer von Marianne Hirsch aktualisierten Bibliographie der Schriften Hirschs, S. 47-74).

[324] Vgl. Pressemitteilung der Heinrich-Heine-Universität Düsseldorf vom 20.10.1997.

[325] Hubertus Prinz zu Löwenstein: Der rote Imperialismus. Die Strategie Moskaus und Pekings im Kampf um die Weltherrschaft, Köln und Opladen 1965, bes. S. 108ff.

[326] Zur Überwindung der Diktaturen postuliert er ebd. S. 109 in jedem Land eine „Fünfte Kolonne der Freiheit".

[327] Hierzu Kraus, Löwenstein, S. 157ff.

[328] Vgl. Hubertus Prinz zu Löwenstein: Abenteurer der Freiheit. Ein Lebensbericht, Frankfurt a. M. – Berlin 1983, S. 314ff, 366.

[329] Hirsch, Amerikanische Aspekte, S. 40.

[330] Vgl. Hirsch, Geschichtsbuchwunden (wie Anm. 301), S. 66, These 3. Zur Indoktrinationspädagogik totalitärer Regime vgl. (mit ausgewählter Literatur) Albert H. V. Kraus: Gegen den Freiheitsdrang ist kein Kraut gewachsen. Wie Schüler unter Hitler und Honecker manipuliert wurden, in: Anregung . Zeitschrift für Gymnasialpädagogik, 41, 1995, S. 404-410.

[331] Das ist eine der Kardinalfragen, mit denen sich Konrad Löw (vgl. Anm. 237) seit langem beschäftigt. Vgl. dazu Löw, Warum fasziniert der Kommunismus, bes. S. 189ff. und Löw, Der Mythos Marx, bes. S. 419ff., 445ff.

[332] Hirsch, Ein Mann von Format (wie Anm. 236).

[333] Diese Sichtweise war kennzeichnend für eine Strömung der öffentlichen Meinung in der Bundesrepublik, welche die Teilung Europas und Deutschlands als Bedingung für Sicherheit und Frieden betrachtete; vgl. Sören Roos: Das Wiedervereinigungsgebot des Grundgesetzes in der deutschen Kritik zwischen 1982 und 1989, Berlin 1996. Zu Hirschs deutschlandpolitischer Terminologie vgl. Hirsch, Sam, S. 54, und Hirsch, Geschichtsbuchwunden, passim.

[334] Vgl. Hirsch, Marx und Moses, S. 128.

[335] Hirsch, Zur Genesis (wie Anm. 33), S. 357. Das folgende Zitat bei Hirsch, Zeitgeist (wie Anm. 11), S. 25.

[336] Dazu die grundlegende Studie von Jens Hacker: Deutsche Irrtümer. Schönfärber und Helfershelfer der SED-Diktatur im Westen, Berlin – Frankfurt a. M. 1992, rezensiert von Hans-Peter Schwarz: Die Galerie der Blamierten, in: FAZ vom 7.8.1992; Hans-Peter Schwarz: Mit gestopften Trompeten. Die Wiedervereinigung Deutschlands aus der Sicht westdeutscher Historiker, in: Geschichte in Wissenschaft und Unterricht, 44, 1993, S. 683-704.

[337] Schreiben Hirschs an den Vf. vom 3.12.1989; zu meiner Sicht vgl. Albert H. V. Kraus: Der Einheitswille obsiegte über die Zauderer und Propagandisten der Zweistaatlichkeit, in: Bergmannskalender 2000, Dillingen 1999, S. 108-111.

[338] Sven Papcke: Zurück in die Fremde. Helmut Hirschs Erinnerungen an seine Jahre im Exil und seine späte Remigration, in: Neues Deutschland vom 29.7.1995, die folgenden Zitate ebd.

[339] Mitteilung Papckes an den Vf. vom 7.2.2000.

[340] Vgl. Hirsch, Eifer und Idylle (wie Anm. 186).

[341] Vgl. Mark Siemons: Unschuld der Revolution. Hilft Rosa Luxemburg gegen politische Korruption?, in: FAZ vom

12.2.2000.

[342] Vgl. das Leitzitat aus Sigrid Schneider: Rückkehr aus dem Exil, bei Hirsch, Sam, S. 175. Zum Vorausgehenden: Börne-Zitat bei Hirsch, Sam, S. 23; die Hilfe für palästinensische Schulkinder erwähnt Ulrike Merten: Die Kraft des Widerspruchs (zum 95. Geburtstag Hirschs), in: Neue Rhein-Zeitung (Düsseldorf) vom 3.9.2002.

[343] Hirsch im WDR-Interview vom 23.11.1981 mit Sven Papcke; vgl. dazu Sven Papcke: Das verleugnete Exil, in: „... die Welt bewegen, das will ich" (wie Anm. 250), S. 26-46, bes. S. S. 26f.; gewitztes Jonglieren mit der Mehrsprachigkeit verrät die bei Hirsch, Sam, S. 340 referierte Episode an der stark „französisierten Saaruniversität" Anfang der 1950er Jahre. – Hirsch ist mehrfach als Übersetzer hervorgetreten, vgl. etwa Carlo Baker: Ernest Hemingway. Der Schriftsteller und sein Werk. Übersetzt aus dem Amerikanischen von Helmut Hirsch, Reinbek 1967, 381 Seiten; John H. Hobson: Der Imperialismus. Eingeleitet von Hans-Christoph Schröder. Übersetzt aus dem Englischen von Helmut Hirsch, Köln-Berlin 1968, 314 Seiten.

[344] Papcke, Das verleugnete Exil, S. 27.

[345] Hirsch, Sam, S. 189. Dazu passt der ebd. S. 33 mitgeteilte Dialog.

[346] Löwenstein, Der rote Imperialismus, S. 109.

[347] Vgl. Hirsch, Sam, S. 73; Schr. an den Vf. vom 3.12.1989.

[348] Vgl. Hirsch, Geschicke, S. 171.

[349] Dazu die Glosse von Helmut Hirsch: Deutsche „Graffiti". Ein Thema für Soziologen an einer Düsseldorfer Strassenbahnhaltestelle, in: Aufbau, New York, vom 8.8.1980. Im US-Exil hatte Hirsch erlebt, wie Iren und Japaner, auch sie Minderheiten, Zielscheibe spöttischer Witzeleien waren, vgl. Hirsch, Sam, S. 144.

[350] Vgl. den Pressebericht von „cb": Wir wußten, wozu wir auf der Welt waren. Der Autor Walter Zadek diskutierte im Mannlich-Gymnasium mit Schülern, in: Saarbrücker Zeitung (Homburg) vom 2.10.1985.

Personenverzeichnis

Adenauer, Konrad 60, 91
Adorno Theodor W. 108
Arnim, Bettine von 80f., 117

Bebel, August 10, 61, 74ff, 113
Beethoven, Ludwig van 81
Bernstein, Eduard 88, 99, 111
Bichette (Pseudonym für Helmut Hirsch) 27
Bismarck, Otto von 74
Blanc, Lee de 32ff., 63
Blöcker, Monica 79
Böhm, Anton 99
Börne, Ludwig 131
Brandt, Willy 7, 112f., 125
Brecht, Bertolt 21, 95
Brentano, Clemens von 80
Brunner, Franz 79

Chagall, Marc 35

Dietrich, Marlene 7
Doren, Alfred 19
Dreyfus, Alfred 19
Dufhues, Josef Hermann 100

Ebert, Friedrich 91f.
Engels, Friedrich 61, 71ff., 83ff., 88f., 99, 125
Everth, Erich 19

Fetscher, Iring 78
Feuchtwanger, Lion 29
Fleischhacker, Liebmann 11
Freund, Gisèle 61
Friedrich Wilhelm IV. 80
Frühwald, Wolfgang 108

Giraudoux, Jean 59
Glückselig, Leo 97
Goebbels, Joseph 25
Goebel, Klaus 71
Görres, Joseph 98
Goethe, Johann Wolfgang von 80f., 115
Gorbatschow, Michail 127
Günderrode, Karoline von 80

Guillain, Alix 29

Haffner, Sebastian 7
Hatzfeldt, Sophie von 81f., 117
Havemann, Robert 78
Hector, Edgar 7
Hegel, Georg Wilhelm Friedrich 105
Heine, Heinrich 101
Herrmann-Neisse, Max 9
Herzl, Theodor 16f.
Hindenburg, Paul von 15
Hirsch, Emil 11f., 14, 18, 56, 98, 120
Hirsch, Frieda 21
Hirsch, Hedwig 11f., 18
Hirsch, Helmut (hingerichteter Attentäter) 30
Hirsch, Helmut Villard Buntenbroich 42
Hirsch, Marianne 118
Hirsch, Mark Alexander 42, 99
Hirsch-Buntenbroich, Eva 12, 21, 23, 25, 30f., 37, 40, 50, 55, 64, 94, 129, 131
Hirsch-Henecka, Anne 118
Hitler, Adolf 10, 13, 15f., 19, 26, 28, 35, 41ff., 60, 64, 94, 104, 109, 113
Hoffmann, Johannes 7, 48, 107
Honecker, Erich 113
Hundhammer, Alois 119

Kapp, Wolfgang 18
Kautsky, Karl 77
Kennedy, John F. 65
Kershner, Gertrude 12
Kershner, Howard 12
Kirn, Richard 7
Kissinger, Henry 41
Knappstein, Heinrich 59
Knox, Geoffrey G. 105
Köppen, Karl Friedrich 19, 71
Kopelew, Lew 10, 95
Krauss, Marita 7
Künzli, Arnold 74
Kusenberg, Kurt 61

Lafontaine, Oskar 123
Laschitza, Annelies 128
Lasker-Schüler, Else 10
Lassalle, Ferdinand 74, 81ff., 86
Laval, Pierre 35
Ledig-Rowohlt, Heinrich Maria 60f.
Lenin, Wladimir Iljitsch 14f., 29
Leonhard, Rudolf 25ff.
Levy, Gustav 22
Löw, Konrad 91
Löwenstein, Hubertus Prinz zu 33ff., 105-108, 122, 124ff., 133
Luxemburg, Rosa 61, 77-80, 98, 117, 128

Mann, Heinrich 29
Mann, Katja 110
Mann, Thomas 32, 46, 109ff.
Marshall, George F. 66
Marx, Eleanor 86
Marx, Henriette 85
Marx, Jenny 86
Marx, Karl 8, 14, 19, 72f., 77, 80, 83-91, 94, 118, 120, 125f.
Marx, Laura 86
May, Karl 30
Metzger, Max 79
Mühlen, Norbert 27

Netter, Lucienne 90
Noske, Gustav 91

Ollenhauer, Erich 59

Pächter, Heinz 90
Papcke, Sven 7, 128, 132
Pétain, Philippe 27, 100

Raddatz, Fritz J. 87

Rau, Johannes 112
Reich-Ranicki, Marcel 101
Reuter, Ernst 57
Roegele, Otto B. 98ff.
Roosevelt, Franklin Delano 41, 50, 62, 68, 105
Rothschild, Baron 23
Rowohlt, Ernst 60

Rubel, Maximilien 88f., 111
Rubinstein, Helena 37
Rudolph, Hermann 62

Sahl, Hans 106, 129
Salazar, Antonio Oliveira 12, 35
Scheer, Maximilian 27, 30
Scheidemann, Philipp 92
Schiller, Friedrich von 14
Schmidt, Helmut 74
Schneider, Rolf 118
Schoeps, Hans-Joachim 119
Schoeps, Julius H. 82
Schulz, Gerhard 80
Schumacher, Kurt 57, 66
Schumann, Robert 80
Singer, Paul 10
Sparling, Edward James 58
Stalin, Josef 26, 29
Stowe, Harriet Beecher 93
Straus, Emil 7
Strohm, Gustav 60

Thalheimer, Siegfried 8, 22, 25, 35, 43, 102ff., 122
Trier, Gerson 89
Trotnow, Helmut 82
Trotta, Margarethe von 98
Truman, Harry S. 50f., 54, 100

Villard, Oswald Garrison 33, 39f., 44

Wels, Otto 15
Wenger, Paul-Wilhelm 98
Wessel, Horst 13

Zadeck, Walter 134
Zeyer, Werner 108
Zuckmayer, Carl 57
Zühlsdorff, Volkmar von 31, 34f., 105
Zweig, Stefan 85

Danksagung

Die vorliegende Untersuchung konnte nur dank vielfältiger Unterstützung zustande kommen. Darum bedankt sich der Verfasser bei allen Personen und Institutionen, die ihm bei den Recherchen und mit Einzelauskünften behilflich waren.

Wertvolle Hilfen leisteten das Auswärtige Amt in Berlin, die Gerhard-Mercator-Universität in Duisburg, der Leipziger Universitätsverlag, Dr. Uwe Lemm, Herausgeber des Internationalen Jahrbuches der Bettina-von-Arnim-Gesellschaft (Berlin), Dr. Herman Lohausen, Präsident der Düsseldorfer Gesellschaft für Rechtsgeschichte (Düsseldorf), das Ministerium für Schule, Wissenschaft und Forschung des Landes Nordrhein-Westfalen in Düsseldorf, der Exilforscher Prof. Dr. Sven Papcke von der Universität Münster, das Archiv des Peter Lang Verlags in Frankfurt am Main, das Redaktionsarchiv des Rheinischen Merkur in Bonn, das Archiv des Rowohlt-Verlags in Reinbek bei Hamburg.

Weitere Unterstützung leisteten Prof. Dr. Julius H. Schoeps, Direktor des Moses Mendelssohn Zentrums der Universität Potsdam, das Stadtarchiv Düsseldorf, die Stadtbibliothek Wuppertal, die Universität-Gesamthochschule Siegen und der Ex-Diplomat und Publizist Dr. Volkmar Zühlsdorff (Bad Godesberg), engster Mitarbeiter des rührigen Hitlergegners und Retters vieler Hitlerverfolgter Dr. Hubertus Prinz zu Löwenstein.

Nicht zuletzt gebührt ein spezielles Dankeswort der Hauptperson dieser Schrift, Prof. Dr. Helmut Hirsch, Ph. D. (Düsseldorf), und seiner engsten Mitarbeiterin und Gemahlin, Frau Marianne Hirsch, auf deren unermüdliche Hilfsbereitschaft der Verfasser jederzeit vertrauen konnte.

Albert H. V. Kraus